조선의 풍경 1938

일본의 시선으로 본 한국

조선의 풍경 1938
일본의 시선으로 본 한국

조선총독부 철도국 지음
윤현명 · 김영준 엮고 옮김

어문학사

일러두기

· 본서의 원서는 조선총독부 철도국에서 발행한 『반도의 근영(半島の近影)』의 1938년도 판이다.
· 일본의 인명, 지명 등은 가급적 일본어식으로 표기했다.
　예) 메이지(明治), 하세가와 초(長谷川町)
· 필요한 경우에는 한자식으로 표기했다. 예) 현(縣)
· 시대적인 이해를 위해 되도록 당시의 표현을 그대로 사용했다.
　예) 내지, 북선, 남선, 내선민, 일본해
· 본문의 왼쪽 면에는 원문, 오른쪽 면에는 원문의 번역을 실었다.
　원문 번역 아래에는 각 장소에 대한 역자의 해설을 추가했다.
· 본문 중 왼쪽 원문 하단 중앙에 위치한 페이지는 실제 원문의 페이지다.
· 본문의 각주는 모두 역자의 것이다.

역자 서문

본서는 조선총독부 철도국에서 출판한 『반도의 근영』이란 제목의 사진집(1938년도 판)을 원서로 한다. 이 책의 출판 의도에 대해 자세히 알려진 것은 없다. 다만 책의 내용을 보면 일본인들을 대상으로 조선 여행을 홍보하기 위해 만들어진 자료임을 알 수 있다.

오늘날의 입장에서는 철도국이 왜 이런 책을 펴냈을까 하는 생각이 들 수도 있다. 그러나 당시 철도의 위상은 현대의 그것과 달랐다. 항공기와 자동차가 별로 발달하지 못했던 당시에 철도는 군대의 이동, 산업 물자 수송, 장거리 여행 및 관광업 등 국가 교통망의 핵심이었다. 그래서 많은 경우 제국주의 국가의 식민지 지배는 철도의 부설로 시작되었다. 철도망의 유지는 식민지 지배가 계속되고 있음을 보여주는 것이었다. 유사시에는 군대가 이동하는 길이 되어 식민지의 통제력을 보장하고, 평시에는 사람과 물자의 운송을 통해 경제력을 뒷받침해주었기 때문이다. 일제강점기 일제의 한국 지배도 그와 같은 철도망을 통해서 유지되었음은 말할 것도 없다. 일제강점기 일본 당국은 조선에서의 물자 수탈과 군대 이동을 위해 각지에 철도를 건설하고 이를 관리했는데, 그에 따라 철도 관련 기구도 커지고 업무 또한 많아졌다. 조선총독부 철도국이 조선 여행을 홍보·장려하고 그와 관련된 책을 출판하며, 심지어 호텔까지 경영했던 것은 그러한 맥락에서 이루어진 것이다.

『반도의 근영』은 일본과의 연락선이 있는 부산부터 중부 지방을 거쳐 백두산까지의 풍경을 싣고 있다. 철도를 통해 한반도를 북상하는 코스인 셈이다. 사진집으로서 높은 해상도를 자랑하는 이 책은 오늘날 일제강점기 한국의 모습을 보여주는 귀중한 자료라 할 수 있다. 특히 일본인의 시선으로 조선을 묘사했다는 점이 자료로서의 중요성을 더한다. 식민지에 대한 당시 일본의 '제국 의식'을 잘 보여주고 있기 때문이다.

그러한 이유로 1930년대에 출판된 『반도의 근영』을 『조선의 풍경 1938』이라는 제목으로 새롭게 출판하게 되었다. 우리 역사의 한 부분을 이해하는 책이 되었으면 하는 바람이다. 또한 번역 판본으로 히토쓰바시대학 부속도서관이 소장하고 있는 『半島の近影』을 사용했다.

목 차

역자 서문 · 5

한국어 완역 『조선의 풍경 1938』

원문의 목차 · 12

조선교통약도 · 13

조선 개설 · 14

1930년대 조선의 풍경사진과 설명

부산역의 선차 연락 / 특급 '아카쓰키' · 22

동래 / 해운대 · 24

범어사 · 26

'아카쓰키', '히카리', '노조미' 급행 · 28

지리산 / 진주 촉석루 / 한려수도 · 30

장승 / 장기 · 32

대구의 시장 · 34

조선의 교육 / 해인사 · 36

내방 · 38

경주 안압지 · 40

불국사 / 석굴암 내부의 양각 석불 · 42

입춘 · 44

속리산 법주사 · 46

논산 미륵불 / 부여 · 48

모내기 / 대아리 저수지 · 52

내장산 / 백양사 · 54

강반 풍경 · 56

변산반도 / 전남의 목화 · 58

제주도 한라산 / 제주도 천제연 · 60

온양온천 전경 / 대천해수욕장 · 62

늦가을의 전원 · 64

안성의 도충혼비 / 사금 채취 / 준설기 · 66

수원 장안문 / 수원 방화수류정 / 조선식으로 지은 수원역 · 68

조선의 절인 음식 / 조선의 항아리 · 72

조선의 설 · 74

조선신궁 · 78

경성역 / 기생 · 80

경성 시가 / 경성 남대문 / 창경원의 벚꽃 · 84

경복궁 경회루 / 파고다공원의 탑 · 88

조선호텔 · 92

경성 교외 · 94

인천 월미도 / 인천항 / 천일제염 · 96

개성 선죽교 / 조선인삼 · 100

장수산 / 배천온천 · 102

겸이포 일본제철소 / 개천의 철산 · 104

평양 모란대의 눈 / 평양 모란대의 꽃 · 106

기생학교 / 대동강을 거니는 놀잇배 · 108

조선의 활 · 110

평양박물관 전경 / 고구려 고분 벽화 / 낙랑고분 · 112

진남포항 · 114

동룡굴 / 묘향산 · 116

압록강 / 의주 통군정 / 압록강 상류의 뗏목 · 118

농가 / 다듬이질 · 120

고원의 방목 / 송어 낚시 · 122

삼방 부근 / 삼방 스키장 · 124

석왕사 / 원산 송도원해수욕장 · 126

금강산 · 128

내금강 만폭동 계곡 / 내금강 산장 · 130

비로봉 구미 산장 / 외금강 집선봉 · 132

구룡연 · 134

옥류동 계곡 / 신계사 · 136

외금강 풍경 / 삼선암 · 138

외금강 산장 / 오만물상 · 140

부전고원 / 흥남질소비료공장 · 142

정어리 잡이 · 144

주을 온천장 / 관모봉 · 146

북선의 면양 · 148

백두산 · 150

역자 후기 · 154

한국어 완역 『조선의 풍경 1938』

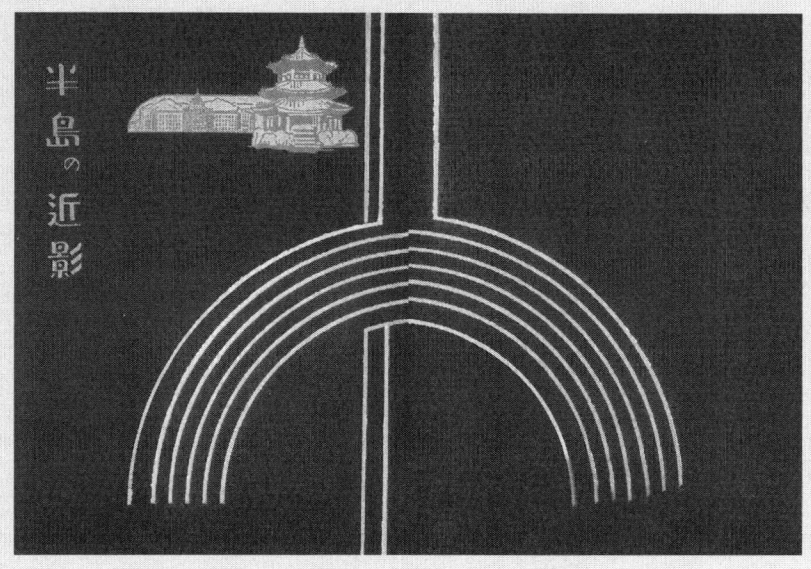

조선총독부 철도국에서 발행한 『반도의 근영』

원문의 목차

半島の近影 図次

- 表紙裏・慶州牟徳寺趾の飛天夫人像
- 朝鮮交通略図
- 朝鮮の概況
- 釜山驛の船車連絡 … 一
- 特急「あかつき」 … 一
- 「あかつき」「ひかり」「のぞみ」急行 … 二
- 東萊 … 二
- 海雲臺 … 二
- 梵魚寺 … 三
- 智異山 … 四
- 晉州矗石樓 … 五
- 閑麗水道 … 五
- 長栍 … 六
- 南鮮の市場 … 六
- 大邱の教育 … 七
- 海印寺 … 八
- 慶州雁鴨池 … 九
- 佛國寺 … 一〇
- 石窟庵内部の陽刻石佛 … 一二
- 論山彌勒佛 … 一三
- 立春 … 一四
- 俗離山法住寺 … 一五
- 扶餘 … 一六

- 田植 … 一七
- 大猪里の貯水池 … 一八
- 内藏山 … 一九
- 白羊寺 … 一九
- 江畔風景 … 二〇
- 邊山半島 … 二一
- 全南の棉 … 二一
- 濟州島漢拏山 … 二二
- 濟州島天帝淵 … 二二
- 温陽溫泉全景 … 二三
- 大川海水浴場 … 二三
- 晩秋の田園 … 二四
- 安城の渡忠魂碑 … 二五
- 砂金の採取 … 二六
- ドレッチャー … 二七
- 水原長安門 … 二八
- 水原訪花隨柳亭 … 二九
- 水原趾の水原驛 … 三〇
- 朝鮮の濱物 … 三一
- 朝鮮の正月 … 三二
- 朝鮮神宮 … 三三
- 朝鮮驛 … 三四
- 妓生 … 三五
- 京城市街 … 三六
- 京城南大門 … 三七
- 昌慶苑の櫻 … 三八

- 景福宮慶會樓 … 三九
- パゴダ公園の塔 … 四〇
- 朝鮮ホテル … 四一
- 京城郊外 … 四二
- 三防附近 … 四二
- 仁川月尾島 … 四三
- 仁川港 … 四三
- 天日製鹽 … 四四
- 開城善竹橋 … 四五
- 朝鮮人蔘 … 四六
- 長壽山 … 四七
- 白川溫泉 … 四八
- 兼二浦日本製鐵所 … 四九
- 沙川鐵山 … 五〇
- 平壤雪の牡丹臺 … 五〇
- 平壤花の牡丹臺 … 五一
- 妓生學校 … 五二
- 大同江に浮ぶ箸舫 … 五三
- 朝鮮の弓 … 五四
- 平壤博物館全景 … 五五
- 高句麗古墳壁畫 … 五六
- 樂浪古墳 … 五七
- 鎭南浦港 … 五八
- 蠑龍窟 … 五九
- 妙香山 … 六〇
- 鴨綠江 … 六〇
- 義州統軍亭 … 六一
- 鴨綠江上流の筏 … 六二

- 農家 … 六三
- 高原の放牧 … 六四
- やまめ釣 … 六五
- 三防附近 … 六六
- 三防スキー場 … 六六
- 釋王寺 … 六七
- 元山松濤園海水浴場 … 六七
- 金剛山 … 六八
- 内金剛萬瀑洞溪谷 … 六九
- 内金剛山莊 … 七〇
- 毘盧峯久米山莊 … 七一
- 外金剛集仙峯 … 七二
- 九龍淵 … 七三
- 玉流洞溪谷 … 七四
- 神溪寺 … 七五
- 外金剛の大觀 … 七六
- 三仙岩 … 七七
- 外金剛山莊 … 七八
- 奥萬物相 … 七九
- 赴戰高原 … 八〇
- 興南朝窒工場 … 八一
- 鰯の漁獲 … 八一
- 朱乙溫泉場 … 八二
- 冠帽峯 … 八三
- 北鮮の緬羊 … 八四
- 白頭山 … 八五

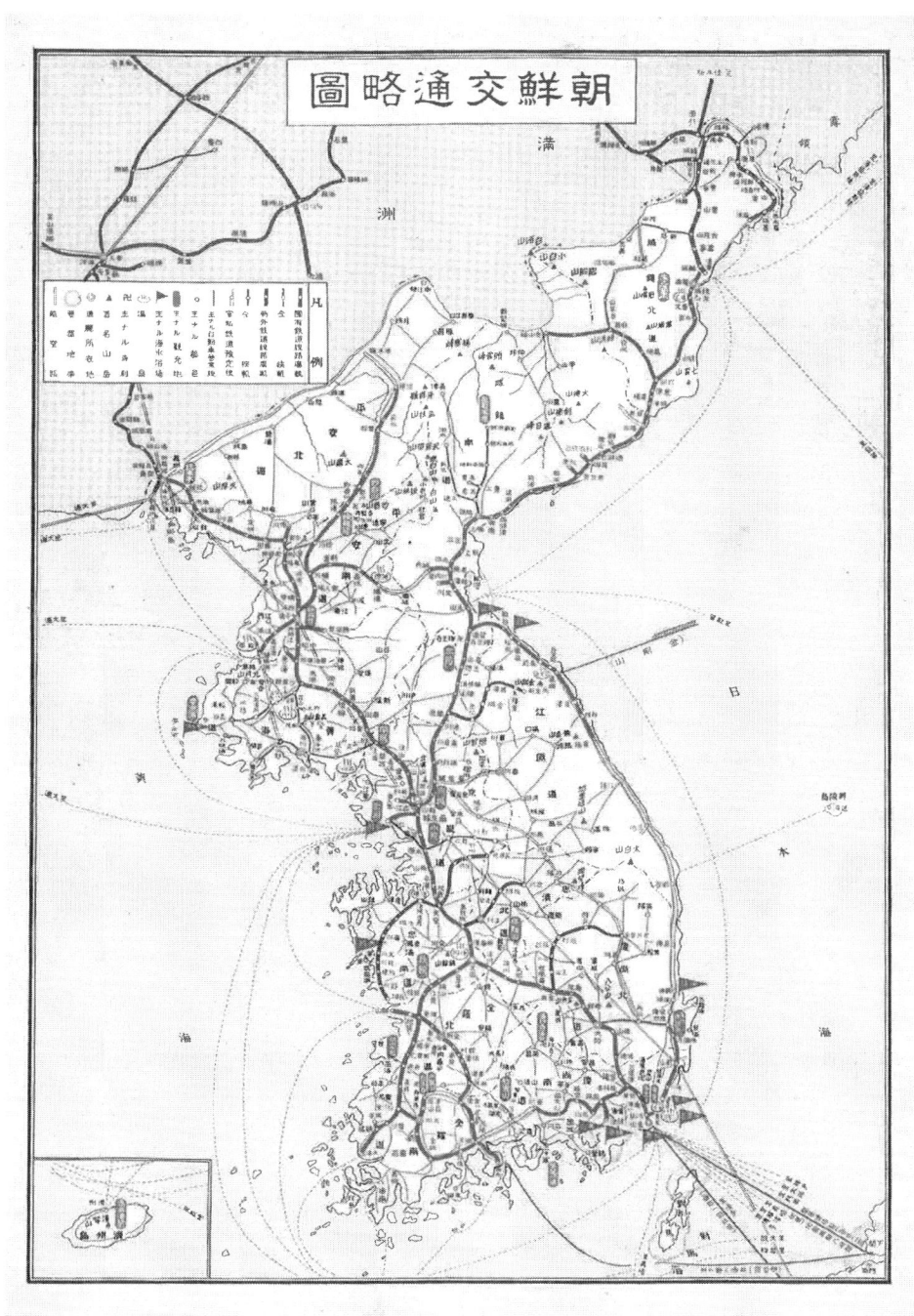

조선 개설

조선이란

　조선은 먼 옛날부터 일본과 가장 밀접한 관계를 가진 나라로서 지리상으로 보더라도 굉장히 가까워서 날씨가 좋은 날에는 부산에서 좁은 바다를 사이에 두고 떨어진 쓰시마(對馬)의 산이 보일 정도이다. 예전에는 바다가 잔잔해도 해로로 이틀이 소요되었기에 내지(內地)[1]에서 조선으로 갈 때에 먼 외국에라도 가는 것처럼 부산을 떨었다. 그러나 지금은 7000톤급 대형 객선으로 시모노세키(下關)에서 부산까지 고작 7시간 정도이며, 규슈(九州)에 사는 사람이 오사카(大阪)나 도쿄(東京)에 가는 것보다도 가깝다. 이것이 오늘날 조선과의 거리이다.

　그렇다면 조선이란 도대체 어떤 곳인가? 예전에 사람들은 조선이 호랑이가 출몰하고 산은 민둥산이며 강은 말라버렸고, 산야는 황폐 그 자체라는 식의 무미건조한 곳이라고 생각했다. 그러나 오늘날의 조선은 그런 곳이 아니다. 문화 수준은 점차 높아지고 있으며 문화적인 시설 및 기관은 내지에 비해 조금도 손색이 없다. 특히 근년에 이르러서는 농촌·산촌·어촌의 진흥, 자력갱생 운동이 큰 효과를 거두어 일반 산업의 발전에 호응해서 점차 민도가 향상되고 있다. 또한 생활이 개선되고 옛 폐단은 사라져 가고 있으며 가는 곳마다 활기가 도는 신흥의 기운이 나타나고 있다.

　조선은 크기로는 내지의 혼슈(本州)와 거의 비슷한 약 22만 제곱킬로미터인데, 인구는 겨우 2200만 명 정도이다. 내지의 인구밀도를 생각하면 아직 여유가 있는 편이라고 할 수 있다. 기후의 경우 남부 지방은 내지의 중부 지방과 거의 비슷하고 북쪽으로 갈수록 추위와 더위가 심해지지만, 대체로 날씨가 늘 청명하고 살기에도 좋은 곳이다.

---

1 제2차 세계대전 이전 일본에서는 식민지와 구분되는 일본 본토를 내지(內地)라고 지칭했다. 보통 조선, 대만, 사할린 등을 제외한 일본 영토를 의미한다.

조선의 산업은 날로 약진을 거듭하고 있는데, 특히 근래에 지상과 지하를 아우르는 풍부한 자원의 개발, 근대 중공업, 화학공업의 발흥은 눈이 부실 정도이다. 전체적으로 조선의 산업이 현저히 근대화되어 국제 경제적인 수준에 도달했다는 것은 주목할 만한 가치가 있다. 이십 수년전 병합 당시 겨우 6000만 엔에 지나지 않았던 무역액이 쇼와(昭和) 12년(1937)에는 약 15억 4900여만 엔으로 증가한 것을 보더라도 산업의 진전을 엿볼 수 있다.

다음으로 조선은 치란흥망(治亂興亡)[2] 3000년의 유구하고도 유서 깊은 고적(古蹟)과 반도 특유의 변화를 자랑하는 경승지(景勝地)[3]가 많다. 특히 웅대한 스케일, 보기 드물게 유수(幽邃)[4]하고 신비한 산수미(山水美)를 가진 금강산은 세계적인 지보(至寶)[5]로 평가되고 있다. 이처럼 관광 조선의 진가가 점차 인정을 받고 있음에 따라 시찰·탐승(探勝)[6]·여행자의 수도 늘고 있다.

지세 및 기후

조선은 아시아 대륙의 동해안에 놓인 하나의 잔교(棧橋)[7]로 불리며, 국경에는 백두산이 솟아있고 남으로는 묘향산맥, 태백산맥 등이 이어져 반도의 척추를 형성하고 있다. 척추의 동쪽으로는 지세가 급속히 기울어 바다에 닿고 서쪽으로는 압록강, 대동강, 임진강, 금강, 낙동강, 섬진강 등의 큰 강이 흐르고 있어서 기름진 땅이 널리 펼쳐져 있고 도읍(都邑)[8]도 많다. 기후는 일반적으로 대륙적인 특성을 가지고 있어서 추위와 더위의 차가 크지만, 삼한사온(三寒四溫)의 기온 변화가 있기에 비교적 추운 겨울을 견디기는 것은 수월하다.

인구

현재 총인구는 2200만 명으로 그중 내지인이 약 60만 명이다. 이를 본적별로 구분하면 야마구치 현

---

2 나라가 잘 다스려짐과 어지러움과 흥함과 망함.
3 넓은 의미로 경치가 좋은 곳을 가리킴.
4 그윽하고 깊숙함.
5 더없이 귀한 보배라는 뜻.
6 경치 좋은 곳을 찾아다니는 것.
7 임시로 부설된 다리 또는 해안선의 접안시설을 말함.
8 보통은 수도를 가리키지만 여기서는 작은 도회지를 가리킴.

(山口縣) 출신이 5만 4000명으로 가장 많고 그 다음으로는 후쿠오카(福岡), 구마모토(熊本), 나가사키(長崎) 순이다. 가장 적은 곳은 아오야마(青山) 현 출신으로 약 2000명이다.

행정 및 재정

조선의 행정은 총독부를 중추로 하고, 여기에 내지의 부현(府縣)에 해당하는 도(道)가 있다. 도는 경기도, 충청남도, 충청북도, 전라남도, 전라북도, 경상남도, 경상북도, 황해도, 평안남도, 평안북도, 강원도, 함경남도, 함경북도 이렇게 13개로가 있으며, 13의 도에는 18개의 부(府, 내지의 시[市]에 해당), 218개의 군(郡), 2개의 도(島)가 있다. 또한 군도(群島)는 63개의 읍(邑, 내지의 정[町]에 해당), 2307개의 면(面, 내지의 촌[村]에 해당)으로 이루어져 있다. 그리고 군도를 제외한 다른 구역에서는 각각 지방자치가 이루어지고 있다.

조선의 철도

조선의 철도는 국방과 더불어 통치상으로도 중요한 사명을 가지며 특히 백성의 발전, 산업의 개발과 밀접한 관계가 있다. 또한 반도를 종주하는 부산-안동(安東) 간의 간선(幹線), 경성(京城, 서울)에서 북선(北鮮)[9]으로 이어지는 경원(京元)·함흥(咸興)선은 어느 쪽이든 만주(滿洲)[10]의 철도와 연결되어 있어서 일본과 만주 간 교통의 가장 빠른 경로일 뿐만 아니라 시베리아를 경유해서 유럽으로 통하는 국제 교통의 요지이기도 하다. 더욱이 그 기차의 궤도는 승차감이 좋은 광궤철도(廣軌鐵道)[11]를 자랑한다.

조선에서 처음으로 철도가 설치된 곳은 메이지(明治) 32년(1899) 경성-인천 간의 일부 구간이다. 그 후 국유철도의 보급과 사설철도의 보호·장려에 의해 철도는 크게 발달해 조선 대부분의 방면으로 연장되었고 지금도 건설되고 있다. 쇼와 13년(1938) 1월 현재 국유철도 영업선의 총연장은 3만7573킬로미터, 사설철도의 영업선은 1만 5403킬로미터이다.

---

9 보통 함경남도·함경북도를 지칭한다.
10 중국 동북부를 가리킴.
11 레일 사이의 폭이 넓은 철도를 말한다.

산업

· 농업

토지와 기후가 농업에 적합하고 인구의 약 8할이 농업에 종사하고 있다. 농가 1호당 경지 면적은 논 5단(段) 6무(畝), 밭 1정(町) 5무(畝) 도합 1정 6단 1무로 내지의 1정 8무보다 훨씬 넓다[12]. 근년에는 농업 개량과 수확의 증가 외에 다각적인 영농법을 장려하고 내지의 소작법에 해당하는 농지령(農地令)을 공포하는 등 제도상, 영농상으로 현저한 발전을 보이고 있다.

쌀은 조선 전국에서 생산되는데 특히 남선(南鮮)[13]에서 많이 생산되고 있다. 쇼와 12년도(1937) 생산량은 2679만 석(石)에 달해 내지로의 반출도 1000만 석을 돌파한 상태이다. 보리도 각지에서 생산되고 있다.

콩은 품질이 우량하고 단백질이 풍부해 두부, 된장, 간장 등의 원료로 적합하기 때문에 쌀과 함께 중요한 수출품이다.

목화는 내지에서는 부족하기에 조선에서의 생산이 계획되었다. 그래서 쇼와 8년도(1933) 이후 20년간에 걸쳐서 6억 근(斤)을 증산할 것이라고 했는데, 오늘날에는 연간 약 1억 7000만 근을 산출하고 있다.

담배는 재래종, 내지산, 미국산(황색 잎 화이트 벌리[White Burley])의 3종류가 재배되고 있는데 생산액은 약 2062만 킬로그램, 가격으로는 약 624만 엔(圓)이다.

인삼은 고래(古來)로 고려인삼이라 칭하는 조선의 산물로서 개성 부근을 중심으로 연간 약 15만 2000근이 생산되고 있다. 제조법에 따라 백삼(白蔘)과 홍삼(紅蔘)으로 나뉘는데, 홍삼은 전매를 통해 많은 양이 중화민국으로 수출된다.

과일 조선 전토(全土)는 과수 재배에 적합해서 사과, 배, 포도, 복숭아, 감, 대추, 밤 등의 재배가 점점 증가하고 있다.

소는 현재 약 170만 두(頭)이며 체질이 강건하고 성질이 온순하며 변변치 않은 음식으로도 농경과 운반에 적합할 뿐만 아니라 고기도 맛이 있다. 1년에 약 5만 5000두가 내지로 반출되고 있다.

면양(緬羊) 북부 조선은 면양 사육에 적합한 곳이기 때문에 10년 후 면양을 10만 두로 늘린다는 계획이 세워지고 있다. 키우는 상황에 따라서는 장래에 이백 수십만 두로 늘리는 것도 가능하다고 한다.

---

12 정(町)은 10단(段) 3000평, 단은 10무(畝) 300평, 무는 30평에 해당함.

13 넓게는 한반도 남부, 좁게는 충청남도 · 전라남도를 지칭한다.

누에 누에고치 100만 석 생산을 표방하며 개량·증산을 꾀한 결과, 경북, 전남, 강원, 평안북도에서 많이 생산되며 그 외 지방에서도 생산이 늘어 최근 연 생산 약 73만 석을 달성했다.

· 임업

임야의 총면적은 전국 토지의 약 7할로, 병합 이래 나무 심기 장려, 기존 임야의 보호에 각별히 힘을 기울였다. 그래서 한때 심하게 황폐했던 산림의 모습이 크게 바뀌었으며 연 생산액은 약 1억 엔에 달하고 있다. 또한 국경의 산림 지대에는 아득한 옛날부터 벌채된 적이 없는 거대한 밀림이 있으므로 척식철도(拓殖鐵道)를 부설하여 개척을 착착 진행하고 있다.

· 어업

3면이 바다에 면하고 기후와 조류 등 천혜의 조건을 갖추고 있기에 정어리, 명태, 조기, 도미, 연어, 청어, 고래, 고등어, 참치, 방어, 가자미, 대구, 새우, 민어와 그 밖의 어종이 풍부하여 연간 어획고 약 7980여만 엔, 양식 생산고 약 470여만 엔, 수산 제품 약 7940만 엔에 이르는 중요 수출품 중 하나가 되었다.

· 염업

조선의 소금 생산고는 소비량의 약 반인데, 대부분 관에서 운영하는 천일제염이다. 소금 가격이 내지의 약 3분의1, 만주의 약 10분의 1에 불과해 선정(善政)의 하나로 칭송받고 있다. 또한 자급자족을 위한 증산 계획이 세워져 실행되고 있는 중이다.

· 상업 및 무역

무역은 주로 내지를 중심으로 이루어지고 있는데, 그 규모가 점차 증가해서 쇼와 3년(1928)에는 약 7억 8000만 엔에 도달했다. 쇼와 7년(1932)에는 세계적인 불황으로 일시적으로 약 6억 3000만 엔으로 줄었지만 최근에는 다시 활황으로 산업이 약진해서 쇼와 12년(1937)에는 약 15억 4900여만 엔에 달하게 되었고 외국과의 무역도 크게 증가했다. 주요 수출품은 곡류, 광물, 수산물 등으로 주요 수입품은 공업 제품이다.

상업 기관으로서는 상공회의소를 중추로 조선총독부 상공장려관(商工奬勵館), 거래소, 각종 산업 단체, 금융기관 등이 있다. 조선인들의 경우, 재래시장에서 일용품 일반을 매매하고 있다.

· 공업

조선의 공업도 생산 합리화, 전기사업 통제 등에 의거해 현저하게 기계공업으로 전환되고 있으며 쇼와 11년(1936) 생산액은 약 7억 2800여만 엔에 달했다. 최근에는 특히 내지의 사업가에 의해 각 방면의 기업이 운영되고 있다. 풍부한 공업 원료, 저렴한 노동력 등은 장래에 눈여겨볼 만한 가치가 있다. 지도기관으로서는 총독부 중앙시험장(中央試驗場), 연료선광연구소[14], 고등공업학교, 상공회의소, 상공장려관 등이 있다.

· 광업

조선의 광업은 지하자원이 질적으로 양호하고 양적으로 풍부하며 한편으로는 내지에서 산출되지 않는 각종 경금속이 존재하기 때문에 상당히 좋은 여건이라 할 수 있다. 총독부에서는 적극적으로 광업의 발달에 힘을 쓰고 특히 금의 생산을 더욱 장려했는데, 그 결과 금 생산액은 쇼와 5년(1930)에 769만 엔, 다음해에는 1013만 엔으로 비약적으로 늘어났으며, 쇼와 11년(1936)에는 6872만 엔이라는 경이적인 발전을 보여주고 있다.

---

14 선광(選鑛)은 가치에 따라 광석을 구분하는 것을 말한다.

1930년대 조선의 풍경사진과 설명

釜山驛の船車連絡 （鎭海要港部司令部檢閲濟）

昔の内地朝鮮間の交通は博多から壹岐對馬に渡り其處から朝鮮の山を目標に漕ぎ寄せたものらしく、凪の日でさへ二日を要したと云ふが、今日では下關から釜山まで優秀な連絡船によつて僅かに七時間半、朝夕二回の定期便があつて交通は至つて便利となつてゐる。

釜山港に着けば船は棧橋に横付けとなり上陸數十歩で鮮滿を直通する急行列車が其處に登つてゐる。朝鮮の鐵道は廣軌で、大きい客車、樂心地よい腰席、如何にも大陸的で愉快な旅行が出來、而も車窓に映ずる半島特有の風物と驀進の意氣に繫ゆる朝鮮の姿とは旅客に無限の興趣を與へずにはおかない。

釜山京城間特急「あかつき」

부산역의 선차 연락 (진해만 요새 사령부 검열 통과)

예로부터 내지와 조선 간의 교통은 하카다(博多)에서 이키(壹岐)와 쓰시마를 거쳐 이루어졌는데, 이키와 쓰시마에서 조선의 산을 목표로 항해했던 것으로 보인다. 옛날에는 파도가 잔잔했을 때조차 이틀간 항해했다고 하는데 오늘날에는 우수한 연락선을 통해 시모노세키에서 부산까지 불과 7시간 반밖에 안 걸리며, 아침과 저녁 2회의 정기편이 있어서 교통이 편리해졌다.

부산항에 도착하면 배는 선착장에 접안하는데, 배에서 내려서 수십 보만 걸으면 조선에서 만주로 가는 직통 급행열차가 기다리고 있다. 조선의 철도는 광궤철도로서 커다란 객차, 편안한 좌석을 갖추어 유쾌한 장거리 여행이 가능하고 게다가 창문에 비치는 반도 특유의 풍물과 약진의 기운에 불타는 조선의 모습은 손님에게 무한한 흥미를 갖게 한다.

사진_ 下 부산 경성 간의 특급 '아카쓰키'

東萊温泉全景

東萊、海雲臺

名も床しい東萊、海雲臺は、いで湯の情緒豊かな温泉場である。海雲臺は洋々たる日本海を望み、青松白砂、寄せては返す波頭に鷗飛ぶ海濱に面した眺望絶佳の温泉場、東萊は金井山麓にある昔から知られた由緒ある温泉場で何れも旅館其他入湯に充分なる設備を有してゐる。又附近に散在する名勝古蹟と明媚なる風光とは一日の行遊地として推賞に値ひする。

交通　釜山から

東萊温泉
　汽車　東萊驛下車
　電車　四十分
　自動車　三十分

海雲臺
　汽車　海雲臺驛下車
　自動車　四十分

동래, 해운대

기품 있는 이름의 동래, 해운대는 그윽하고 풍부한 정취가 있는 온천장이기도 하다. 해운대는 넓디 넓은 일본해[15]를 바라보며 푸른 소나무, 하얀 모래, 끊임없이 밀려오는 파도, 갈매기가 날아드는 해변에 면해 있으며 아름다운 풍경이 내려다보이는 온천장이다.

동래는 금정산(金井山) 기슭에 있는, 예로부터 알려진 유서 깊은 온천장으로 어디든 여관, 온천욕에 필요한 시설을 충분히 갖추고 있다. 또한 부근에 산재한 명승고적과 맑고 아름다운 풍광은 하루를 즐기는 행락지로 추천할 만하다.

교통 - 부산에서 출발

〈동래온천〉

기차 동래역 하차

전차(電車) 40분

자동차 30분

〈해운대〉

기차 해운대역 하차

자동차 40분

사진_ 上 동래온천 전경 / 下 해운대온천

역자 해설 - 동래온천

동래온천은 현재 부산시 동래구 온천동에 위치하고 있다. 전설에 의하면 다리를 다친 백학(白鶴)이 온천물에 다리를 담근 후 치료되어 날아갔고, 이를 본 노파도 백학을 따라 온천물로 자신의 다리를 치료했다고 한다.

역사적으로 신라시대부터 이용되었는데 병에 대한 치료 효과로 유명하다. 조선시대에 이르기까지 왕들도 종종 이용했는데, 조선 숙종 때 만들어진 온정개건비(溫井改建碑)가 오늘날에도 남아있다. 근대적 온천으로서의 개발은 1910년 이후 일본인에 의해 이루어졌고, 해방 이후 1960년대에 본격적인 개발이 진행되었다. 1970년에는 관광지로, 1981년에는 온천지구로 지정되었다. 오랫동안 이용되고 개발되어왔기에 현재는 개발이 억제되어 보호·관리되고 있다. 『삼국유사』에 이미 682년(신문왕 2) 동래온천에서 목욕을 했다는 기록이 있다. 우리나라에서 가장 오래된 온천이다.

---

15 원래는 동해(東海)이지만 원문의 표현을 살리기 위해 그대로 '일본해'라고 번역했다.

梵魚寺

新羅時代の創建に係る古刹で境内幽邃の趣をなし釜山郊外の一日の清遊地として相應しい境地をなしてゐる。釜山から電車と自動車の便がある。

범어사

신라시대에 창건된 고찰(古刹)¹⁶로 경내가 그윽해 부산 교외의 하루 여행지로 알맞다. 부산에서 출발하는 전차·자동차 편이 있다.

> **역자 해설 - 범어사**
>
> 부산의 금정산(金井山)에 위치한 화엄종의 사찰로 해인사, 통도사와 함께 영남 지방의 대표적인 사찰이다.
>
> 신라의 의상대사가 문무왕 18년(678)에 창건했다고 추정된다. 범어사(梵漁寺)라는 이름은 금빛 물고기가 하늘에서 내려와 우물에서 놀았다고 하는 금정산의 전설에서 따왔다고 한다. 360채의 건물과 100여 호의 노비, 360결의 토지를 소유한 큰 사찰이었다. 임진왜란으로 불에 타기도 했으나 광해군 때 대대적인 중건을 거쳐 오늘에 이르고 있다. 보물 제434호인 대웅전, 보물 제250호인 삼층석탑을 비롯해 석등, 일주문, 당간지주 등 많은 불교 유적을 포함하고 있다.
>
> 또한 일본과의 관련성도 주목할만한데,『범어사창건사적(梵魚寺創建事蹟)』에 의하면 범어사는 불법(佛法)으로 왜군을 물리친 것을 기념해서 지었다고 한다. 그리고 임진왜란 당시 서산대사가 지휘하는 승병의 사령부였으며, 부산에서 벌어진 3·1운동의 출발지이기도 했다. 승려이며 독립운동가였던 만해 한용운이 머물렀던 사찰로도 유명하다.

---

16 오래된 옛 절.

鮮滿を繋ぐ特急
あかつき・ひかり・のぞみ

釜山京城間を僅か六時間四十五分の快速で走る特急「あかつき」鮮滿を直通する「ひかり」「のぞみ」は朝夕各一回釜山に發着し「ひかり」は新京まで「のぞみ」は奉天まで相互直通運轉し何れも豪華な一等展望車、設備完整せる各等寢臺食堂車を連結し快速にて馳驅してゐる。殊に「ひかり」は內地の特急富士、櫻に接續し東京から新京まで僅かに五十五時間の超スピードで走つてゐる。

食堂車

조선과 만주를 연결하는 특급열차

아카쓰키 · 히카리 · 노조미

특급 '아카쓰키'는 부산과 경성을 불과 6시간 45분의 쾌속으로 달리고 있다. 또한 조선과 만주를 연결하는 직통열차 '히카리', '노조미'는 아침과 저녁 각 1회씩 부산을 출발하는데, '히카리'는 신경(新京)[17]까지, '노조미'는 봉천(奉天)까지 직통으로 운행하고 있다. 둘 다 호화로운 1등 전망차(展望車), 등급에 따라 완비된 침대 · 식당차를 연결하고 쾌속으로 달리고 있다.

특히 '히카리'는 내지의 특급 후지(富士), 사쿠라(櫻)와 연결되어 도쿄에서 신경까지를 55시간이라는 초스피드로 달린다.

사진_ 右 식당차 / 下 '아카쓰키'-1등 전망차 내부-

역자 해설 - 근대의 철도 교통

19세기 후반부터 20세기 전반기까지 철도는 장거리 여행의 가장 중요한 교통수단이었다. 따라서 각국은 산업의 발달과 함께 철도망을 늘려나갔다. 또한 식민지의 철도망 확대는 해당 식민지의 지배가 공고해졌음을 나타내주는 것이었다. 이러한 맥락에서 쾌적한 여행을 위한 고급 객차는 식민지 지배의 안정감을 나타내준다. 사진 속의 식당칸과 전망칸은 오늘날의 서비스와 비교해도 별 위화감이 느껴지지 않는다.

참고로 당시의 한반도는 일제가 부설한 철도망을 통해 대륙과 연결되어 있었다. 그래서 경성(서울)에서 기차를 타고 만주로 갈 수 있었고 열차를 갈아타서 중국 본토, 심지어 시베리아 철도를 통해 유럽으로 갈 수도 있었다. 남북분단으로 인해 비행기 또는 배를 통해서만 해외로 나갈 수 있는 오늘날과 크게 다른 부분이다.

---

17 1931년의 만주사변 이후 일본이 세운 괴뢰 국가 만주국(滿洲國)의 수도이다. 오늘날의 길림성(吉林省) 장춘(長春)이다.

智異山

南鮮の秀嶺
智異山

昔から朝鮮三神山の一に數へらるゝ靈山であつて溫帶、亞寒帶の原始林に藪はれ高山性草木が多く最高峯の天王峯は眺望極めて濶雄大である山內には華嚴寺、大源寺、雙磎寺等の大伽藍が散在し其境內は何れも景勝の地をなし、探勝に好適の地であるばかりでなく、中腹の一角老姑壇は外人避暑地としても知られ夏季內外より來るものが多い。全羅線の南原、求禮口、慶全線の晉州方面から登行路がある。

晉州矗石樓

閑麗水道

남선의 절경 지리산

지리산은 예로부터 조선의 삼신산(三神山)[18]의 하나로 꼽히는 영산(靈山)[19]이다. 온대, 아한대의 원시림이 우거져 있고 고산성 초목이 많다. 최고봉인 천왕봉(天王峯)은 매우 웅대한 조망을 자랑한다. 산속에 화엄사(華嚴寺), 대원사(大源寺), 쌍계사(雙磎寺) 등의 큰 절이 산재해 있고 그 경내(境內)가 모두 경승지이다. 그러므로 여행하기 아주 좋은 곳일 뿐만 아니라 봉우리중 하나인 노고단(老姑壇)은 외국인의 피서지로서도 알려져 있어 여름에는 많은 내외국이 찾아온다. 전라선(全羅線)의 남원, 구례구(求禮口), 경전선(慶全線)[20]의 진주 방면에도 등산로가 있다.

사진_ 上 지리산/ 左 한려수도[21] / 右 진주 촉석루

역자 해설 - 진주 촉석루

남강의 바위 벼랑 위에 지어져 있다. 고려시대에 창건되었으며, 전시에는 진주성의 지휘본부 역할을 했고, 평시에는 과거가 치러졌다고 한다. 임진왜란 때 논개가 일본군 장수를 안고 남강에 몸을 던진 장소로 유명하다. 현재 남아있는 건물은 한국전쟁 당시 소실된 것을 1960년에 복원한 것이다. 1983년에 경상남도 문화재자료 제8호로 지정되었다.

---

18 중국에서 유래된 신선이 살고 있다는 3개의 산. 한국에서는 금강산, 지리산, 한라산이다.
19 신령한 산.
20 일제강점기에 건설된 광주와 부산을 잇는 철도 노선.
21 경상남도 통영시 한산도에서 전라남도 여수시 오동도 이르는 남해안 수로를 가리킨다. 곳곳에 이순신 장군과 관련된 유적이 있다. 오늘날에는 아름다운 풍경의 한려해상국립공원으로 유명하다.

長栍（チャンスン）

朝鮮では軍人等の像は大抵番人に使はれてゐる。長栍も其類で傳統の不明なる古きものゝ一つである。松の丸太に如何にも民俗藝術的な手法で奇怪なる顏面を刻み赤や白等にて彩り下部には天下大將軍地下女將軍などゝ書き邪神の侵入を防ぐものとして村落の入口に建てたものである。近來文化の普及に由る迷信消滅の爲め其數を減じた。

將棋

チャンスン

장승

조선에서는 '군인'의 상(像)이 마을의 문지기로서 세워져 있다. 장승도 그런 종류의 상으로서 그 기원이 밝혀지지 않은 오래된 것이다. 소나무를 자른 통나무에 민속·예술적인 수법으로 얼굴 면을 기괴하게 조각하고 붉은 색, 흰색 등으로 채색한 다음, 아래에 '천하대장군', '지하여장군' 등의 이름을 쓴다. 나쁜 귀신의 침입을 막는 역할을 하며 이를 위해 촌락의 입구에 세워두고 있다. 근래에는 문화의 보급에 따라 미신이 없어지고 있어 그 수가 줄었다.

사진_ **右** 장기를 두는 사람들/ **下** 장승들

大邱の市場

大邱には西門、南門の二つの市場があつて、月六回宛開市される。此處に集る物資の多くは附近の農家から齎らされたもので、此寫眞に見る如く、共取引に右往左往する雜踏の狀景とどんな商品の賣買であるかをよく注目すれば、朝鮮の地方的な一經濟機構が窺はれる。

대구의 시장

대구에는 서문(西門), 남문(南門) 이렇게 2개의 시장이 있다. 한 달에 6번 시장이 열린다. 시장에 쌓인 물건의 상당수는 부근의 농가에서 가져온 것이다. 사진에서 보이는 것처럼 사고파는 광경이 어지럽고 우왕좌왕한 모습이다. 매매되는 상품을 유심히 살펴보면 조선의 지방 경제기구의 한 면을 엿볼 수 있다.

書堂　昔　今

朝鮮の教育

　大正十一年教育令の發布以來内地と同一の學制が布かれ大學教育を首め專門教育、實業教育、師範教育、普通教育等完備し近來は益々普及充實された。普通教育に關しては言語風俗の異なる關係上從來内鮮人の教育機關を區別してゐたが、最近教育令の改正に伴ひ、内鮮の區別を廢し、教育に於ても名實共に内鮮一體を實現した。間書堂は昔の寺小屋の様なもので今でも田舍には相當殘つてゐる。

南鮮の巨刹　海印寺

　大邱驛から七六粁、伽倻山の奧深く萬峰周匝する中に儼然と建つ南鮮三大刹の一で、新羅哀莊王の時代の創建である。昔から法寶第一等と稱せられ世界的の至寶である高麗高宗の鏤刻せる大藏經版を保管してゐるので有名となつてゐる。間附近の山容と溪谷は秀麗なる風光美をなし近時探勝するものが多い。

조선의 교육

다이쇼(大正) 11년(1922)의 교육령 발표 이후, 내지와 동일한 학제(學制)가 설치되어 대학교육을 정점으로 전문교육, 실업교육, 사범교육, 보통교육 등이 완비되었다. 근래에는 교육이 더욱 널리 보급되고 있다. 보통교육에 관련해서는 종래에는 언어 풍속이 다르기 때문에 내지인과 조선인의 교육기관을 구분했지만 최근에는 교육령이 개정됨에 따라 내지인과 조선인의 구별을 없애고 교육에 있어서 명실상부한 내선일체(內鮮一體)를 실현했다. 또한 서당은 옛 일본의 데라고야(寺子屋)[22]와 같은 것인데 지금도 시골에 상당한 수가 남아있다.

남선의 거찰 해인사

대구역에서 76킬로미터, 가야산 깊숙한 곳, 산봉우리에 둘러싸인 곳에 의연히 자리 잡은 남선 3대 사찰의 하나로 신라 애장왕 시대에 세워졌다. 법보(法寶)[23]이며 세계적인 지보(至寶)로, 고려 고종 때 만들어진 대장경판을 보관하고 있는 것으로 유명하다. 또한 부근의 산수와 계곡이 수려해서 풍광이 아름답고 근래에는 방문하는 사람도 많아졌다.

사진_ **左** 옛날 / **右** 현재

---

[22] 일본의 에도(江戶)시대에 보급된 조선의 서당과 비슷한 교육기관이다.
[23] 법보는 삼보(三寶)라고 불리는 불교의 불(佛), 법(法), 승(僧)의 하나이다. 불경을 보배에 비유한 표현인데, 해인사의 팔만대장경판은 옛날부터 대표적인 법보로 꼽는다.

房内

朝鮮の家庭では起居し、はたらきいとなむ所は内房である。内房は女と近親者とは雖も男は容易に近づき難く奥深き閨房であるが風習の生活に近代化が浸し次第に厳格さを緩和しつつあるとこる。は否めない。

내방

조선의 가정에서 여자는 내방(內房)이라는 집안 쪽에 기거하는데, 조선의 풍습(風習)에서 남자는 설령 근친자(近親者)라 할지라도 내방에 쉽게 들어갈 수 없다. 단 근대의 생활이 침투함에 따라 이러한 엄격함은 차츰 완화되고 있다.

慶州雁鴨池

新羅朝の古都 慶州

新羅朝が亡んで星霜遷ること一千有餘年半島統一の覇業をなした榮華の地慶州も今は唯昔に變らぬ山河の間に、ありし日の繁榮のあとを止めるに過ぎないが、流石は新羅の王都だけはあつて附近の風光は捨て難いものがあり、丁度我國の奈良に髣髴たるところがある。

新羅の遺蹟は慶州佛國寺を中心として其附近に散在する城址、寺院、堂塔、佛像、陵墓等であるが何れも當時の繁華を偲ぶに充分なるものが多く、規模の壯大、構想技巧の優秀なる點に於て訪ふ者をして驚嘆せしめてゐる。

若し慶州を訪れるならば先づ同地の博物館に至り新羅一千年間の歷史を知りそして數多の貴重なる參考品と實地を巡つて彼我相對照さるれば自然と往時の文化の進展を想像し得て頗る興味深いものがあらう。

大邱にて乘換へ約二時間にして慶州に達す

釜山から東海南部線により約三時間にして慶州に達す

신라의 고도 경주

신라 왕조가 망하고 세월이 흘러 어느덧 천여 년의 세월이 흘렀다. 반도 통일의 패업을 이룩한 영화로운 땅 경주도 지금은 변함없는 산하(山河)에 과거의 영화만이 남아있다. 그러나 신라의 왕도로서 부근의 풍광은 빼어난데, 거의 정확히 우리나라의 나라(奈良)[24]를 방불케 한다.

신라의 유적은 경주 불국사를 중심으로 그 부근에 산재한 옛 성터, 사원, 불탑, 불상, 능묘 등이 있는데, 어느 것이든 당시의 영화를 떠올리기에 충분하며, 그 규모의 장대함·뛰어난 기교는 방문자를 놀라게 한다.

만약 경주를 방문하려고 한다면 우선 경주의 박물관에 가서 신라 천년의 역사를 숙지한 다음, 다수의 귀중한 문화재와 현장을 비교·대조한다면 자연과 당시 문화의 발전을 상상할 수 있다. 무척이나 흥미로운 탐사가 될 것이다.

대구에서 환승하면 약 2시간 후 경주에 도착한다.

부산에서는 동해남부선으로 약 3시간이면 경주에 도착한다.

사진_ 경주 안압지

역자 해설 - 경주 안압지

경주시 인왕동에 있는 신라의 궁원지(宮苑池)이다. 신라에서는 월지(月池, 달의 연못)라고 불렸고, 조선시대에 이르러 안압지(雁鴨池, 기러기와 오리의 연못)가 되었다. 『삼국사기』의 기록을 근거로 문무왕 14년(674)에 만들어진 것으로 본다. 신라 멸망 이후 폐허가 된 것으로 보인다. 1975년부터 대대적인 조사와 함께 각종 유적과 대량의 유물이 발굴되었다. 발굴 결과 연못이 동서 200미터, 남북 180미터 넓이로, 땅을 파서 물을 끌어들였으며 그 기슭은 돌로 축조되었다는 것이 밝혀졌다. 최근 새롭게 복원되어 야경으로 유명한 관광지가 되었다.

---

[24] 710~784년 일본의 수도였으며 많은 유적·유물이 남아있는 문화 도시, 관광지로 유명하다.

石窟庵内部の陽刻石佛

사진_ 上 석굴암 내부의 양각 석불 / 下 불국사

역자 해설 – 석굴암

석굴암(石窟庵)은 경주 토함산에 세워진 신라시대 석굴 사원이다. 본래 이름은 석불사인데, 일제강점기부터 일본인에 의해 석굴암으로 불리게 되었다. 『삼국유사』에 의하면 신라 경덕왕 때 재상 김대성이 현세의 부모를 위해 불국사를 세우는 한편, 전생의 부모를 위해서는 석불사(石佛寺)를 세웠다고 한다. 751년에 창건되어 774년에 완성되었다. 이후 큰 문제없이 원형을 보존해오다가 일제의 침략으로 수난을 맞이하게 되었다. 구한말에는 일본인에 의한 훼손과 유물 반출이, 일제의 조선합방 이후에는 대대적인 중수가 이루어졌기 때문이다. 특히 3차례에 걸친 일본 당국의 중수는 석굴암의 해체와 조립을 거쳐 진행되었는데, 그 과정에서 조립이 잘못되고 시멘트가 사용되는 등 석굴암의 원형이 크게 훼손되었다. 이러한 문제를 해결하기 위해 1960년대에 본격적인 수리와 복원이 이루어졌다. 오늘날에는 원형 보존을 위해 내부 촬영이 금지된 채, 유리벽으로 보호되고 있다.

천년이 넘게 보존되어 왔으며, 세계에서 유일한 인조 석굴이다. 또한 신라시대 최고 걸작으로 건축, 종교, 예술 등 신라의 미(美)가 집약된 유산이기도 하다. 1962년에 국보 제24호로, 1995년에 유네스코 세계문화유산으로 지정되었다.

역자 해설 – 불국사

불국사는 경주시 토함산 서쪽 중턱에 있는 신라시대 사찰이다. 불국사 위쪽에는 석굴암이 있다. 『삼국유사』에 의하면 751년(경덕왕 10)에 김대성이 창건했다고 한다. 그러나 이차돈(異次頓)이 순교한 이듬해인 528년(법흥왕 15)에 절을 창건했다는 이야기도 있기 때문에 불국사는 경덕왕 이전에 이미 창건되었으며 김대성이 이것을 중건했다고 볼 수 있다. 『삼국유사』에 의하면 김대성은 현세의 부모를 위해서 이 절을 창건하고 751년에 공사를 시작했지만 죽을 때까지 완성을 보지 못하고 국가에 의해 완성되었다고 한다(774년 완공). 이후 불국사는 여러 차례 중건되었다. 임진왜란 때 크게 파괴되었고 전후에 광해군, 인조, 효종 때를 거쳐 일부 복원이 이루어졌다. 그 후 다시 쇠락했다가 1969년부터 1973년에 걸쳐 대대적인 발굴조사와 복원공사가 이루어졌다. 지속적인 복구와 보수로 오늘의 모습을 갖추게 되었다. 한국을 대표하는 사찰이며 다보탑과 석가탑, 청운교와 백운교, 금동비로자나불좌상과 금동아미타여래좌 등 많은 문화재를 포함하고 있다. 사적 제502호이며 1995년에 유네스코 세계문화유산으로 지정되었다.

立　春

　立春の日には何處でも左の様な吉意の文句を書いた白い紙を各家の門、楣、柱、椽等に貼付する。「壽如山富如海」「立春大吉」「建陽多慶」「麟德、鴻福」「開運鴻禧、國恩多慶」と云ふ如き名句を用ひ春を迎え其の年の幸ならん事を祈り、門から福を入れると云ふ意味である綺麗な衣服を着て門前に遊んでゐる子供等には如何にも初春の長閑さが見られる。

입춘

입춘에는 집집마다 사진에서 보이는 것처럼 길(吉)을 뜻하는 문구를 하얀 종이에 써서 문, 기둥 등에 붙인다. 수여산부여해(壽如山富如海), 입춘대길(立春大吉), 건양다경(建陽多慶), 인덕(麟德), 홍복(鴻福), 개운홍희(開運鴻禧), 국은다경(國恩多慶) 등의 명구로 봄이 오는 것을 축하하고 그 해에 복이 있기를 기원하며 문(門)에서 복을 맞이하는 것이다. 문가에서 때때옷을 입고 노는 아이들에게서 초봄의 화창함이 느껴진다.

역자 해설 - 입춘

입춘은 24절기의 하나이며 음력으로 1월, 양력으로는 2월 4일경에 해당한다. 새해의 첫 절기로서 복을 비는 글귀를 대문, 대들보, 천장 등에 붙이는데 이를 '입춘첩(立春帖)', '입춘축(立春祝)', '입춘방(立春榜)' 등으로 부른다. 때때옷을 입은 아이들 뒤로 당시 흔히 쓰이던 '입춘대길', '건양다경'이라는 글귀가 보인다.

사진 속 글귀의 뜻을 보면, '수여산부여해'는 산처럼 오래살고 바다처럼 재물이 쌓인다는 뜻이고, '입춘대길'은 봄이 시작되어 크게 길하다는 것이며, '건양다경'은 경사스러운 일이 많이 생긴다는 뜻이다. 또 '인덕'은 기린의 덕을 지칭하는데, 상상의 동물인 기린은 옛날부터 덕을 상징했다. '홍복'은 큰 기러기의 복인데, 본래 기러기는 예를 상징하지만 '홍복'은 사실상 큰 복이라는 의미로 사용된다. '개운홍희'는 운이 트이고 큰 복이 온다는 것을 말하고 '국은다경'은 나라로부터 은혜를 입고 경사스러운 일이 많이 생기는 것을 말한다

俗離山 法住寺

忠清北道報恩郡に在る俗離山は一に小金剛と呼ばれ、山水の奇勝を以て世に知られ朝鮮八景八勝の一に推賞せられてゐる。山中にある名刹法住寺は背に秀嶺なる俗離山を屏風の標に立てまはし、其境域は樹木鬱蒼として名山を屏風の如く俗を離れた淨域である。新羅朝眞興王時代の創建に係り現在末寺三十四ヶ寺を有する巨刹であつて伽藍も壯麗を極め特に五重の塔が有名である。沃川驛から東約四十八粁自動車の便がある。

속리산 법주사

　충청북도 보은군의 속리산(俗離山)은 소금강(小金剛)이라 불리며, 산수의 특이하고 아름다운 경치 때문에 세간에서 조선의 팔경 팔승의 하나로 꼽힌다. 산속에는 법주사(法住寺)라는 유명한 사찰이 있는데, 뒤로는 빼어난 산세의 속리산을 병풍처럼 두르고 그 경계로 수목이 울창해서, 이름처럼 속(俗)으로부터 떨어진 구별된 곳이다. 신라 왕조의 진흥왕 시대에 창건되었고 휘하에 34곳의 절을 거느린 거대한 사찰이다. 건물이 웅장하고 화려하며 특히 오층석탑으로 유명하다. 옥천역에서 동쪽으로 약 48킬로미터로 자동차 편이 구비되어 있다.

百済の古都
扶　餘

論山驛の西北約二二粁、錦江の下流白馬江に臨む今の扶餘邑附近一帶は百濟の舊都である。周知の如く百濟朝は當時我國と頗る關係が深く、仲哀帝の頃には養蠶が、神功皇后の時には鐵と鍛冶の法が傳はり、殊に文敎の濫觴であつた佛敎の傳來暦卜醫術の渡來等我國上代文化の進展に貢献した所が尠くない。百濟亡んで星霜遷る事約千三百年當時の豪華な遺跡は今尙扶餘を中心として附近に散在し、汪洋たる白馬江の流に沿ふ扶餘八景の勝と共に一度は訪ふべき價値がある。

………◁論山恩津彌勒佛

………▷白馬江と大哉閣

백제의 고도
부여

논산역의 서북쪽 약 21킬로미터, 금강의 하류인 백마강에 접하는 부여읍 부근 일대는 백제의 옛 수도이다. 주지하다시피 백제 왕조는 당시의 우리나라와 상당히 관계가 깊다. 주아이 천황(仲哀天皇)의 재위 시에는 양잠이, 진구 황후 시대에는 철과 야금 기술이 백제로부터 전해졌다. 특히 문교(文敎)의 근본인 불교를 전해주고 의술을 전해주는 등 백제는 우리나라 문화의 발전에 적지 않게 공헌했다. 백제가 망하고 약 1300년의 세월이 흘렀다. 당시의 호화로운 유적은 지금도 부여를 중심으로 주변에 산재해 있다. 풍부한 백마강의 물길에 맞닿은 부여 팔경승과 더불어 한 번쯤 방문할 가치가 있다.

사진_ 上 논산 은진의 미륵불 / 下 백마강과 대재각(大哉閣)

역자 해설 – 부여

부여는 삼국시대 백제의 수도로 '사비'라고 불리었던 지역이다. 『삼국사기』에 의하면 백제 온조왕이 스스로 부여에서 나왔으므로 '부여'를 자신의 성씨로 삼았다고 하며, 538년 백제 성왕은 사비로 천도하고 국호를 '남쪽의 부여'라는 의미로 '남부여'로 바꾸었다. 이러한 점들은 백제가 스스로를 고구려가 아닌 만주지역의 부여(또는 북부여)에서 기원했다는 점을 강조하기 위함이었다. 백제 멸망 후 사비는 부여로 불리게 되었는데, 751년(신라 경덕왕 10) '부여'로서 행정구역이 설치되었다. 그 명칭은 앞서 말한 '남부여'에서 유래하였다. 백제의 옛 중심지로서 부소산성, 낙화암, 궁남지, 정림사지 5층석탑 등 백제 유적이 많이 남아있는 대표적인 지역이다.

또한 본문에 언급되는 주아이 천황은 2세기 후반에 살았던 일본의 제14대 천황이라고 한다. 『일본서기』에서 신라를 정벌했다고 하는 진구 황후(神功皇后)의 남편이기도 하다.

역자 해설 – 논산 은진의 미륵불

은진의 미륵불은 높이 18.12미터의 국내 최대 석조보살상으로 '관촉사 석조보살입상', '은진미륵'으로 불린다. 고려 광종(光宗) 때부터 목종(穆宗) 때까지 38년에 걸쳐 제작되었다고 한다. 머리가 몸 전체의 4분의 1이나 될 정도로 크고 귀도 길게 늘어져 있다. 비례를 무시한 개성적인 모습은 그 향토적인 특색을 잘 드러내고 있다. 1963년 보물 제218호로 지정되었다.

역자 해설 – 백마강과 대재각

백마강은 충청남도 부여군을 지나는 금강의 하류 부분, 약 16킬로미터 구간을 지칭한다. 백강(白江), 백촌강(白村江)이라고도 한다. 옛 사비성을 끼고 흐르는 강으로 백제의 수도 사비를 들어오는 수로 역할을 했을 것으로 추정되고 있다. 백마강 일대는 660년 멸망 당시 소정방의 당나라 13만 대군이 상륙한 곳이며, 삼천궁녀가 몸을 던졌다는 전설을 간직한 낙화암이 있는 곳이기도 하다. 백제 멸망 이후 663년에 백제 부흥군과 일본의 지원군이 신라·당나라 연합군에 의해 패배한 '백촌강 전투'도 이 일대에서 벌어졌다.

당시 일본은 백제를 구원하기 위해 상당한 병력을 파병했다. 661년에 병력 5000명을 보내고, 그 이듬해 170척의 배에 병력과 물자를 보냈으며 백촌강 전투가 벌어진 663년에는 병력 2만 7000명을 보냈다. 한반도에 상륙한 일본군은 신라군을 공격하며 각지에 거점을 확보했고, 그중 1만 명의 병력이 수백 척의 함선을 타고 주류성을 구원하기 위해 백촌강으로 향했다. 주류성은 백제부흥군의 중심지였고 먼저 파병된 일본군이 백제군과 함께 주둔하고 있던 곳이기 때문이다. 그러나 당나라 함대 170척은 이미 백촌강의 수로를 장악하고 있었고, 양국의 수군은 백촌강에서 충돌하게 되었다. 이 전투가 백촌강 전투인데, 백촌강 전투에서 당나라군이 일본의 배 400여척을 불사르며 크게 승리했다. 이어서 신라와 당나라 육군이 주류성을 함락시키니 백제부흥군은 무너지고 일본군의 지원도 끝이 났다. 고대 동아시아의 국제전이 벌어졌던 셈인데, 오늘날 일본은 고대사에서 이 백촌강 전투를 초기의 대륙 진출(혹은 중국과의 전쟁)로서 비중 있게 다룬다.[25]

대재각은 백마강변에 있는 조선후기의 정자이다. 병자호란 당시 청나라에 끌려갔던 이경여(李敬輿)가 낙향했던 곳에 그의 손자 이명(頤命)이 1700년(숙종 26)에 정자를 세웠다. 일찍이 이경여는 병자호란의 치욕을 보복하고자 효종에게 북벌을 위한 상소를 올렸는데, 당시 노론의 거두이며 북벌론자인 송시열(宋時烈)은 상소에 대한 효종의 답글 중 '지통재심(至痛在心)', '일모도원(日暮途遠)' 여덟 글자를 써서 이경여의 아들 민서(敏敍)에게 전했다. 그리고 손자인 이명은 이 글을 바위에 새긴 다음, 이를 보존하기 위해 정자를 세워 대재각이라고 이름 붙였다. 17세기 전반에 퍼졌던 북벌론, 그 이후의 소중화주의의 흔적이 운치 있는 풍경과 함께 남아있다.

---

25 백촌강 전투에 대한 설명은 주로 서영교, 『고대 동아시아 세계대전』, 글항아리, 2015, 666~677쪽을 참조했다.

黄金穰々 湖南の秋

湖南線とは大田から木浦に至る線路であつて其過ぐる處は忠南、全北、全南の三道に跨り、錦江、萬頃江、東津江、榮山江等の大江は全州平野を始め幾多の沃野を抱き沿線は全鮮第一の米、棉の産地で朝鮮の寶庫と稱せられてゐる。晩秋の候車窓は滿目黄金の波をたゝへ、旅情ひとしほ豊かである。

大雅里、雲岩里等の貯水池盆洑、東津水利組合等の灌漑水利事業、米の輸出港として全鮮第一を誇る群山港の施設等視察に値するもの頗る多い。

田植

大雅里ノ貯水池

황금빛이 넘실대는 호남의 가을

호남선은 대전과 목포를 연결하고 그 중간에 충남, 전북, 전남의 3개도를 지나고 있다. 금강, 만경강, 동진강, 영산강 등의 큰 강은 전주평야[26]를 비롯해서 많은 옥야를 끼고 있는데, 그래서 그 연선은 조선 제일의 쌀, 목화의 산지로서 조선의 보고로 불린다. 늦가을의 창문에서 황금 물결로 넘실대는 정취를 느낄 수 있다.

대아리(大雅里), 운암리(雲岩里) 등의 저수지, 동진수리조합 등의 관개수리 사업, 쌀 수출항으로서 조선 제일을 자랑하는 군산항의 시설도 둘러볼 가치가 꽤 높다.

사진_ 中 모내기 / 下 대아리 저수지

---

[26] 호남평야라고도 한다.

内藏山

内藏山、白羊寺

全羅南北兩道を境する蘆嶺山脈の一部は井邑驛の東南に於て突兀として奇峭峯巒を現し谿間には美しい流を抱いて頗る山岳美に富んでゐる。それが卽ち昔から湖南金剛と稱せられる内藏山であつて、全山松、楓、柏の類が繁茂し春の新緑、秋の紅葉の候は殊に見事なる景觀を呈する。山内には分水嶺の北側に内藏寺南側に白羊寺があつて何れも境内は幽邃靜寂の趣をなし探勝に適してゐる。

白羊寺

내장사, 백양사

전라남북도 양도(兩道)의 경계를 이루는 노령산맥의 일부는 정읍역의 동남쪽에 돌출해 있다. 산이 가파르고 봉우리가 기이하며 골짜기를 흐르는 냇물도 아름다워 빼어난 산악미를 자랑한다. 이것이 예로부터 호남 금강이라고 불리는 내장산으로 산에는 소나무, 단풍나무, 떡갈나무 등이 무성하다. 그래서 봄의 신록, 가을의 단풍이라는 훌륭한 경치를 자랑한다. 산속 분수령의 북쪽, 내장사(內藏寺) 남쪽에는 백양사(白羊寺)가 있다. 그래서 경내 어느 쪽이든 그윽하고 고요한 정취를 느낄 수 있어 탐승에 적합하다.

사진_ 上 내장산 / 下 백양사

역자 해설 – 내장산

내장산은 노령산맥의 중부, 전라남도와 북도의 경계에 위치한다. 원래 영은사(靈隱寺)의 이름을 따서 영은산으로 불렸으나 산 안에 숨겨진 것이 무궁무진하다하여 내장(內藏)산으로 불리게 되었다고 한다. 가을 단풍으로 유명하며 예로부터 호남의 금강, 조선 팔경의 하나로 꼽혔다. 가을 단풍 외에 야생식물 군락지, 금선계곡 등도 유명하다. 1971년에 국립공원으로 지정되었다.

江畔風景

사진_ 강반 풍경

역자 해설 – 강가에서의 빨래

전근대시대에 흔히 볼 수 있는 풍경이다. 당시 빨래는 가사노동 중 특히 손이 많이 가고 힘든 일이었다. 주로 여성(혹은 하층민)이 강가나 냇가에서 손으로 빨거나 나무판에 대고 두들겨서 빨았다. 보통 여럿이 담소를 나누면서 빨래했는데, 이 때문에 빨래터는 자연스레 여성들의 모임 장소가 되기도 했다.

일본에서는 1930년에 최초의 일본산 전기세탁기가 등장했다. 따라서 사진 속의 시대인 1930년대의 한국과 일본에서는 세탁기가 지극히 고가이며 제한적으로만 보급된 상황이었다. 제2차 세계대전 이후 가정용 세탁기는 전 세계적으로 보급됐는데, 이는 여성의 가사노동 시간과 강도를 줄이는데 크게 기여했다.

萬波斜陽に映ゆる 邊山半島
（朝鮮八勝）

湖南平野の西南隅扶安邑より黄海に向つて突出する半島は秀麗なる峯巒に蔽はれ其環境は頗る山紫水明の風致に富み、海岸線は黄海には珍らしい白砂遠淺の海濱をなし夏は到る所海水浴に適してゐる。又翠綠に包まれ奇岩怪石より成る山峯は互に變幻極まりない溪谷を産んで飛瀑、急湍、深淵等を隨所に現はし史實傳說に富む古刹も其間に點在して恰も金剛山に似たる風光美をなし、近來頓に探勝者が增加してゐる。

全南の棉

産業第一を標榜する朝鮮は北鮮に綿羊、南鮮に棉の栽培を獎勵してゐる。全南地方は棉の産額全鮮第一位を占め木浦港は其の輸移出港として夙に知られてゐる。

끝없는 파도와 석양이 드러나는 변산반도 (조선 팔경)

호남평야의 서남쪽 귀퉁이에 있는 부안읍(扶安邑)에서 황해에 돌출해 있는 반도는 수려한 봉우리를 자랑하며 풍치가 일품이다.

해안선의 경우, 황해에서는 드물게 하얀 모래가 펼쳐진 해변이 있기 때문에 여름에는 해수욕에 적합하다. 또한 취록(翠綠)으로 덮인 기암괴석의 봉우리는 변화무쌍한 계곡을 만든다. 높은 폭포, 깊은 못이 도처에 있고 역사와 전설을 풍부하게 간직한 고찰이 산재해 있다는 점에서도 금강산과 비슷하다. 근래에 방문하는 사람이 늘어나고 있다.

남면북양, 전남의 목화

산업 제일을 표방하는 조선은 북선에는 면양, 남선에는 목화 재배를 장려하고 있다. 전남 지방은 목화 생산액이 조선 제일이며 일찍이 목포항은 목화의 수출과 운송을 위한 항구로 알려져 있다.

濟州島漢拏山

半島の西南端に浮ぶ朝鮮第一の大島嶼で周圍二百數十粁に亙る、大體橢圓型をした島である。その中央には死火山漢拏山（一九五〇米）が聳え、山頂には火山湖白鹿潭を抱いて深碧の水をたゝえ、裾は海に至るまで大翼を擴げた樣に緩かなスロープを延ばしてゐる。風物總てが半島本土と異り興味多きものがある。

제주도 한라산

제주도는 반도의 서남단에 위치한 조선 제일의 섬이며 주위가 2백 수십 킬로미터에 달하는 타원형의 섬이다. 섬 중앙에는 사화산으로서 한라산(1950미터)이 솟아있고 산 정상에는 화산호인 백록담이 깊고 푸른 물을 머금고 있다. 또한 산기슭은 바다에 닿을 듯 큰 날개를 편 것 같은 완만한 구릉 지대로 이루어져 있는데, 풍물 하나하나가 반도와는 다른 것이 흥미롭다.

사진_ 下 제주도 천제연

역자 해설 - 한라산

한라산은 제주도의 중앙부에 우뚝 솟은 산으로 약 30만~10만 년에 화산의 분출로 생긴 것으로 추정한다. 보통 사화산(더 이상 화산 활동이 일어나지 않는 화산)으로 보지만 11세기에 두 차례 분화했다는 기록이 『동국여지승람(東國輿地勝覽)』에 실려 있다. 산의 높이가 1,947.269미터로 한반도에서 백두산 다음으로 높은 산이다. 예로부터 부악(釜嶽)·진산(鎭山)·선산(仙山)·두무악(頭無嶽)·부라산(浮羅山)·혈망봉(穴望峰)·여장군 등 다양한 이름으로 불렸다. 신령한 산으로 인식되어 금강산, 지리산과 함께 삼신산(三神山)의 하나로 꼽는다. 조선시대에는 해마다 한라산에서 국태민안을 비는 산제(山祭)가 거행되었다. 오늘날에도 1469년(예종 1)에 목사 이약동(李約東)이 세운 산천단(山泉壇) 산신묘의 석단이 남아있다. 전근대시대에는 소수의 사람들이 신비로운 산세를 체험하며 한라산을 찾았고 현대에는 본격적인 관광지가 되었는데, 탐방객 수는 2007년에 100만 명을 돌파한 이래 꾸준히 늘고 있다. 특히 오늘날 한라산은 빼어난 자연경관과 다양한 동식물이 보존된 생태계의 보고로 주목받고 있다. 1970년 한라산국립공원으로 지정되었고 2007년 유네스코 세계자연유산에 등재되었다.

역자 해설 - 제주도 천제연

제주도 서귀포시 중문동에 있는 폭포이다. 천제연(天帝淵)이라는 이름은 '하늘을 다스리는 황제의 못'이라는 뜻이다. 옥황상제의 선녀들(칠선녀)이 밤이면 이곳으로 내려와 목욕을 했다는 전설 때문에 붙여졌다고 한다. 천제연 폭포는 제1폭포, 제2폭포, 제3폭포로 이루어져 있고 이중 제1폭포 옆 바위동굴에는 백중(百中)·처서(處暑) 때 천장에서 흘러내리는 물을 맞으면 모든 병이 낫는다고 해서 많은 사람들이 모여들었다고 한다.

높이 22미터의 제1폭포의 물이 쏟아져 못을 이루고 다시 그 물이 제2폭포에서 쏟아져 못을 이룬 다음 제3폭포에서 쏟아져 바다로 흘러가는데, 물의 흐름이 장관을 이룬다.

温陽温泉

京南鐵道線

温陽温泉

京釜線の天安驛で京南鐵道線に乗換へ約二十數分で温陽温泉に達する。東萊と共に古い歷史を持つ良溫泉で、旣に高麗・百濟時代から世に知られてゐたといふ今は溫泉鄕としての快適な近代的設備が整つてゐる。

大川海水浴塲

西海岸稀に見る海水淸澄の海濱で夏季キャンプと海水浴に出掛ける者多く、別莊も數十棟建てられ避暑地として知られてゐる。京南鐵道線の大川驛から自動車の便がある。

경남철도선 - 온양온천

경부선의 천안역에서 경남철도선으로 갈아타서 20분을 넘게 가면 온양온천에 도착한다. 동래(東萊)와 함께 오랜 역사를 가진 우수한 온천으로 백제·고려 시대에 이미 널리 알려져 있었다. 지금은 온천의 본고장으로서 쾌적한 근대적 시설을 완비하고 있다.

대천해수욕장

서해안에서는 보기 드물게 맑고 깨끗한 해변으로 여름 캠핑과 해수욕으로 오는 사람이 많다. 별장도 수십 채에 달해 피서지로 알려져 있다.

경남철도선의 대천역에서 차편이 있다.

사진_ 上 온양온천 / 下 대천해수욕장

晩秋の田園

사진_ 늦가을의 전원

역자 해설 – 한국 사회의 급격한 변화

　산업화 이전 농촌의 풍경을 잘 보여주는 사진이다. 당시 한국은 일제의 식민 지배하의 전형적인 농업사회였고 산업화가 본격화된 것은 1960년대 이후의 일이다. 그 후 한국은 산업화·공업화를 통해 2차 산업, 3차 산업을 발전시켰고, 현재 정보화 사회가 되었다. 이렇게 볼 때 1930년대에 한국사회에서 태어나 생활하는 사람들은 세계 역사상 가장 급격한 변화를 체험한 세대라고 할 수 있다. 식민지 지배와 농업사회, 근대 국가 건설, 전쟁, 산업화와 그로 인한 공업화·도시화, 시민혁명과 민주주의 쟁취, 선진경제권 진입, 정보화 사회를 겪고 4차 산업혁명이 진행되는 시대에 살고 있기 때문이다.

　이와 같은 한국의 압축성장은 대단히 희귀한 사례인데, 그 이유는 제2차 세계대전 이후 독립한 개발도상국 중 선진경제권으로 편입되고, 시민혁명을 통해 민주주의를 이룬 경우가 거의 없기 때문이다.

　사진 속의 시대와 오늘날의 시대를 둘 다 체험한 세대가 살고 있다는 것은 대단히 신기한 일임에 틀림없다.

成歓

日清戦役の古戦場と甜瓜の名産地

日清戦役の序幕たる成歓の戦闘は「渡ろに易き安城の」軍歌でも知られた通り此駅附近が其激戦地であつた。又成歓は清爽な夏の味覚をそゝる甜瓜の名産地としても知られてゐる。

安城の渡忠魂碑

砂金の採取

産金朝鮮

朝鮮に於ける金鉱は全鮮到る處に存在し、其事業も近来に至りゴールドラシュの波に乗つて顔る旺盛になつて来てゐる。金産額は全鮮一ヶ年約六千八百餘萬圓に達してゐる。尚砂金は全羅北道忠清南道地方が其主産地であつて其探取には相當の設備を施し、有望のものが多く、ドレッヂヤー砂金濬渫を行つてゐる處も四、五ヶ所に達し其産額も全鮮約五百三十餘萬圓に上つてゐる。

砂金を掘るドレッヂヤー

성환(成歡)
일청전역의 고전장과 참외의 명산지

일청전역(日淸戰役)[27]의 서막인 성환(成歡) 전투는 '손쉽게 통과한 안성'[28]이란 군가에서 알려진 것처럼 이 부근에서 이루어졌다. 또한 성환은 화창한 여름의 입맛을 돋우는 참외의 명산지이기도 하다.

조선의 금 생산

조선에는 금광이 전국에 걸쳐 존재하며, 그 사업은 근래에 골드러시와 같이 왕성하다. 금 생산액은 1년에 약 6800여만 엔에 달한다. 또한 사금의 주산지는 전라북도, 충청남도로서 채취를 위한 상당한 설비를 갖춘, 유망한 곳이 많다. 그중에는 준설기를 이용하는 곳도 4, 5곳에 이르며 그 생산액도 약 530여만 엔에 달하고 있다.

사진_ 上 안성의 도충혼비(渡忠魂碑) / 中 사금 채취 / 下 사금을 캐는 준설기

역자 해설 – 성환 전투

성환 전투는 청일전쟁에서 벌어진 최초의 대규모 육상전투이다. 청일전쟁은 1894년 7월 25일 일본 함대가 청나라 함대를 아산의 풍도 앞바다에서 공격한 풍도(豊島) 해전으로 시작되었다. 해전에서 승리한 일본은 충청남도의 청나라 육군을 공격하기 위해 오시마 요시마사(大島義昌)가 이끄는 혼성제9여단을 남하시켰다. 이에 대해 섭사성(聶士成)이 이끄는 청의 육군은 성환 일대에 방어진을 구축하고 일본군에 대비했다. 전투는 7월 28일 일본군의 공격으로 시작되었는데, 이것이 성환 전투이다. 각각 3000명이 넘는 양군의 충돌은 일본군의 승리로 끝났고, 청군은 500명 이상의 사상자를 내며 패주했다. 성환 전투로 일본은 전쟁의 서전을 승리로 장식할 수 있었고, 향후 주도권을 쥐게 되었다.

한편 일본 측은 이 전투에서 나팔수였던 육군 병사 기구치 고헤이(木口小平)가 나팔을 불다가 죽어서도 입에서 나팔을 떼지 않았다고 하면서 충군, 애국의 상징으로 널리 선전했다. 이는 훗날 일본 국가주의의 방향, 즉 전쟁과 애국심 고취를 예고하는 것이기도 했다.

---

27 청일전쟁을 가리킴.
28 일본어 제목은 '渡るに易き安城の'이다.

古都 水原

水原は古来水の都、樹の都と呼ばれ同じく山水の美を以て知られた古都で李朝正祖王時代には此處に觀察使を置き、行宮を設け、市の周圍に城壁と四禮門を築き國王が屢々行遊せられたと云ふ由緒ある處である。今尚殘る八逹門、長安門、訪花隨柳亭等李朝時代の古雅典麗な建築と西湖華山の明媚なる風光とが豐かな朝鮮的情趣を作つてゐる。尙此邊には朝鮮總督府農事試驗場があつて朝鮮農業界の指導研究にあたつてゐる。

長安門

訪花隨柳亭

朝鮮建の水原驛

고도 수원

수원은 예로부터 물의 도시, 나무의 도시로 불릴 정도로 산수의 미로 알려진 고도(古都)이다. 이조의 정조 왕 시대에는 이곳에 관찰사를 두고 행궁을 설치했으며 도시 주위에 성벽과 4개의 문을 쌓은 다음, 국왕이 종종 방문했다고 한다. 이는 수원이 유서 깊은 도시임을 말해준다.

여전히 남아있는 팔달문(八達門), 장안문, 방화수류정(訪華隨柳亭) 등은 이조시대의 우아하고 아름다운 건축물이며, 서호화산(西湖華山)의 맑고 아름다운 풍광은 조선의 정취를 풍부하게 해준다. 또한 이곳에는 조선총독부 농사 시험장이 있어서 조선 농업계의 지도 연구에 힘쓰고 있다.

사진_ 上 장안문 / 中 방화수류정 / 下 조선식으로 지은 수원역

역자 해설 - 장안문

수원시 팔달구 장안동에 있는 조선시대의 성문으로 수원 화성(華城)의 4대문 중 북문이다. 우리나라 대부분의 성문은 남문이 정문이다. 그러나 화성의 경우 한양의 임금을 맞이하는 북쪽의 장안문(長安門)을 정문으로 한다. 그래서 1795년 정조가 어머니인 혜경궁 홍씨의 회갑 잔치를 위해 수원 화성으로 내려올 때 이 문을 지나갔다고 한다.

장안(長安)이라는 말은 수도를 의미하는데 장안문, 나아가 화성의 위상을 말해주고 있다. 이후 장안문은 여러 번 수난을 겪었다. 1846년(헌종 12) 여름에는 수원에 내린 비로 장안문 안 동쪽 돌계단이 무너지고 옹성이 피해를 입었다. 또 일제강점기인 1920년대에는 시가지계획사업으로 문 좌우의 성벽이 헐렸고, 1935~1937년에는 장안문을 해체하여 수리 복원하고 성 전체를 도색하는 공사가 진행되었다. 또한 한국전쟁 때는 누각과 성의 동남쪽 부분이 부서졌으며 옹성의 문루도 모두 불에 타게 된다. 장안문 복원작업은 전쟁 이후에 본격적으로 진행된다. 먼저 1958~1960년에는 동남쪽 성벽을 보수했고 1965년에는 홍예의 석축을 쌓았으며 1970년에는 성의 기단과 석축을 보수했다. 그리고 1975년에는 조선시대에 수원화성을 쌓으면서 전 과정을 기록한 『화성성역의궤』를 참고하여 성의 누각과 옹성의 누각을 다시 만들면서 본래의 모습을 찾을 수 있었다.[29]

---

[29] 장안문에 대한 설명은 주로 상대영 외 14명, 『수원시사16 이곳에 가면 수원의 역사가 보인다』, 수원시사편찬위원회, 2014, 177~179쪽을 참고했다.

역자 해설 - 방화수류정

화성 동북방의 지휘소인 동북각루(東北角樓)를 방화수류정(訪花隨柳亭)이라고도 부른다. 방화수류(訪花隨柳)라는 말은 "꽃을 찾고 버들을 좇다"라는 뜻이다. 송대의 학자 정명도의 시(詩) "운담풍경오천(雲淡風經午天), 방화류과전천(訪花隨柳過前川)"에서 유래한다. 방화수류정은 주변의 동태를 살피는 망루, 군대의 지휘소 역할을 하는 군사시설이지만 주위의 경관과 조화를 이루는 정자이기도 하다. 정조 이후 1848년(헌종 14)과 일제강점기를 거쳐 여러 번 수리를 거쳤고 그 과정에서 약간 변형되기는 했지만 거의 본모습을 유지하고 있다. 바깥의 용연, 주위의 버드나무 등과 조화를 잘 어울리는 운치를 자랑할 뿐만 아니라, 정교하고 독특하게 설계되어 조선 후기를 대표하는 정자로서 가치가 높다. 2011년에 보물 제1709호로 지정되었다.

역자 해설 - 수원역

수원역은 경부선 철도의 부설 과정에서 만들어졌다. 경부선은 1901년 서울과 부산에서 기공되어 1904년에 완공되고 1905년에 개통되었다. 이러한 경부선 철도역 중 하나가 수원역이다. 수원역의 개통으로 수원은 경기도 교통의 중심지가 되었고 역을 중심으로 새로운 상권이 생겨나기도 했다. 이후 1928년에는 수원역사(水原驛舍)가 전통 기와를 이용한 양식으로 새롭게 지어졌다. 당시 일본 당국은 많은 사람을 모아 놓고 역사 대합실에서 성대한 축하연을 벌이며 수원역을 "순전히 조선식으로 만든 아름다운 수원역사"라고 하면서 식민통치의 홍보수단으로 이용했다고 한다. 본 책에 실린 "조선식으로 지은 수원역"은 1928년에 만들어진 수원역의 두 번째 역사(驛舍)이다. 1931년에는 수원과 여주를 잇는 수여선이, 1937년에는 수원과 인천을 연결하는 수인선이 만들어졌다. 여기서 수여선은 여주의 쌀을 반출하기 위해, 수인선은 경기만 염전에서 소금을 수송하기 위해 만들어졌다. 이후 1961년에는 새롭게 세 번째 수원역사가 만들어졌고, 1975년에는 전철 역사도 준공되었다. 또한 2003년 2월에는 민자 역사로서 네 번째 역사를 준공하여 오늘의 모습을 갖추게 되었다.[30]

---

[30] 수원역에 대한 설명은 주로 상대영 외 14명, 앞의 책, 319~322쪽을 참고했다.

역자 해설 – 수원의 유래

수원 일대는 본래 삼한의 모수국(牟水國)이었다고 한다. 삼국시대에는 고구려가 한강 유역을 차지하며 매홀(買忽)로 불렸고 삼국통일 이후 신라 경덕왕 때 행정 체계를 정비하는 과정에서 수성군(水城郡)이 되었다. 이후 고려 태조 때는 수주(水州)라고 불렸고 대몽항쟁기인 고려 원종 때 수원도호부로 승격되어 '수원'이 되었다. 이후 승격과 강등을 반복하다가 조선 정조 때에 이르러 큰 변화를 맞이하게 되었다.

1789년 정조는 아버지 사도세자의 묘소를 수원 화산(華山)으로 옮기고 4년 뒤에 수원도호부를 화성유수부로 승격시켰다. 그리고 견고한 방어진이자 정교한 건축물인 화성을 쌓고 친위군영인 장용외영(壯勇外營)을 설치했다. 그 결과 수원은 계획도시로서 국방상의 요지, 당시 꽃피웠던 조선 르네상스의 중심도시가 되었다. 이때가 수원이 가장 주목받은 시기인데, 원문에서 수원을 고도, 즉 옛 수도라고 표현한 것도 그러한 이유에서일 것이다. 정조는 수원을 대도시로 성장시키려고 했던 것 같다. 그러나 그의 죽음 후 수원의 위상은 격하되었고 일제강점기에는 경기도의 다른 행정 구역과 별 차이가 없게 되었다. 하지만 해방 후 수원시는 지속적으로 확장되어 경기도의 중심지가 되었다. 수원에 경기도 도청 소재지가 위치한 것도 이를 말해준다.

구한말인 1906년 일제는 조선의 농업 정책을 조사, 연구하기 위해 수원의 서호 부근에 권업모범장을 세웠다. 그리고 일본의 농업 기술을 조선에 이식하려고 했다. 그 결과 1907년에는 1906년에 개교한 수원농림학교(서울대학교 농과대학의 전신)가 수원으로 이전해왔다. 이 학교는 1910년 권업모범장의 부속학교로서 조선총독부 농림학교로 바뀌었고 그 후 수원농림전문학교, 수원고등농림학교로 변경되면서 교육과 연구에 종사했다. 이러한 정책은 훗날 수원이 농업연구도시가 되는 출발이 되기도 했지만 일본인 지주의 대규모 농장 설치, 지역민 수탈과 맞물려 추진되었기에 침략의 성격에서 자유롭지 못하다. 본문에서 "조선 농업계의 지도 연구에 힘쓰고 있다"는 "조선총독부 농사 시험장"은 위의 기관을 가리키는 것이다.[31]

---

31 권업모범장 및 수원농림학교 관련 설명은 주로 상대영 외 14명, 앞의 책, 323~325쪽을 참고했다.

朝鮮の漬物

朝鮮に於ける漬物は、内地のそれとは多少概念を異にする。白菜に蕃椒・蒜・芹・鰒・石首魚・梨・栗・海草等山海の珍味を混ぜ、大小数多の甕に塩漬けして貯へる。これを「キムチ」と云ひ、朝鮮の家庭には缺くべからざる主要副食物とされてゐる。これには相當の費用を要するが故に「キムチ」の甕の多少によって其家の富裕の程度が知れると謂はれる程のものである。晩秋の一日「キムチ」の漬込みに餘念がない、これはその朝鮮色濃厚な一情景。

조선의 절인 음식

조선의 절인 음식은 내지의 그것과는 개념이 좀 다르다. 하얀 배추에 고추, 마늘, 미나리, 굴, 조기, 배, 밤, 해조류 등의 산해진미를 섞어서 크고 작은 항아리에 소금을 절여서 보관한다. 이것을 '김치'라고 하는데, 조선의 가정에서는 없어서는 안 되는 주요 반찬이다. 김치를 절이고 보관하기 위해서는 상당한 비용이 든다. 그래서 '김치'를 저장하는 항아리의 숫자에 따라 그 집의 부유한 정도를 알 수 있을 정도이다. 사진을 보면 늦가을의 어느 날, '김치'를 담그기에 여념이 없다. 조선색이 농후한 정경이다.

역자 해설 - 우리 고유의 김장문화

김장은 겨울부터 봄까지 먹기 위한 김치를 담가두는 일로서 입동(立冬)을 전후로 행해진다. 김장이 정확히 언제부터 시작되었는지는 확실치 않지만 고려시대에 기원한 것으로 추정되고 조선시대에 이르러 정착·확산되었다고 볼 수 있다. 신선한 채소를 구하기 어려운 겨울에 온 가족이 먹어야 하기 때문에 많은 양을 만들어둔다. 김장은 손이 많이 가는 일이지만 오랜 시일을 두고 할 수가 없었다. 그래서 이웃끼리 서로 도와주는 일종이 품앗이가 이루어지기도 한다. 예전에는 김치를 옹기로 만든 김칫독에 넣어서 땅에 묻었다. 이 때문에 김칫독을 묻을 공간이 없던 아파트는 처음에는 선호하는 주택이 아니었다고 한다. 그러나 지금은 김치냉장고가 보급되어 대도시의 아파트에서는 김칫독을 필요로 하지 않는다.

현대화된 오늘날에도 김장은 한국인의 음식, 정서를 대표하는 하나의 문화로 유지되고 있으며 이 때문에 2013년에는 김장 문화가 "한국에서의 김치 만들기와 나누기"란 이름으로 유네스코 인류무형문화유산에 등재되었다.

朝鮮の正月

正月は何處でも同じく一年の首であるが故に朝鮮でも都鄙といはず人々は各々其分に應じて歲拜や德談をなし、祖先や家神を祭り色々な遊戲娯樂を行ひ、以て歲宵を壽ぐのであつて、男は遊戲、凧揚げ、獨樂廻し等、女は板跳等をやつて遊ぶのである。

元旦の朝歲粧して、父母祖父母等の尊屬親に新年の挨拶をするのを歲拜（セベ）と云ふ。

── 跳板の子女婦 ──

조선의 설

어디서나 마찬가지로 설은 1년의 처음이다. 조선에서도 도시와 시골을 가리지 않고 각지에서 사람들이 세배를 하고 덕담을 들으며, 조상과 수호신을 기린다. 그리고 여러 가지 놀이와 오락을 즐기며 새해를 축하한다. 남자는 연날리기, 팽이치기 등 여자는 널뛰기 등을 하면서 논다.

사진_ 上 설날 아침에 '세배(歲拜)'하는 장면이다. 신년을 맞이해서 부모, 조부모 등의 존속친(尊屬親)에게 인사하는 것을 '세배'라고 한다. / 下 널뛰기를 하는 부녀자

역자 해설 – 설

설은 음력 정월 초하루, 새해의 첫날이다. 떡국을 먹으며 한 살을 더 먹는 것을 기념한다. 전통적으로 설 명절은 대보름까지 이어진다. 근대화 이전에는 오늘날보다 훨씬 큰 명절이었던 셈이다. 그러나 구한말 1896년 1월 1일을 기준으로 양력이 선포되고 일제강점기에도 양력이 강요됨으로써 명절로서의 위상이 흔들리기도 했다.

그러나 정부의 정책에도 대부분의 사람들은 음력 1월 1일을 설날로 지켰기에 정부에서는 1985년에 음력 1월 1일을 '민속의 날'이라는 공휴일로 지정했다. 그리고 1989년에는 정식으로 음력 1월 1일을 설날로 인정하며 설 연휴를 사흘로 지정했다. 90년이 넘는 시간이 흘러서 정월 초하루가 다시 '설날'이 된 것이다. 이를 두고 당시 언론이 떠들썩했던 것은 말할 것도 없다.

현재 우리나라의 설 명절은 음력 1월 1일을 기준으로 지켜지고 있다. 일본의 경우 양력을 채택한 이후 양력 1월 1일을 설로 지키고 있고 중국의 경우 '춘절(春節)'이라고 부르며 성대하게 기념한다. 춘절의 연휴는 상당히 긴데, 10일 혹은 2주, 경우에 따라서는 한 달 가까이 쉬는 경우도 있다고 한다.

역자 해설 - 널뛰기

　널뛰기의 옛 우리말은 널뒤기이며, 한자로 '초판희(超板戱)·도판희(跳板戱)'라고도 한다. 주로 설에 즐기는 놀이이다. 널뛰기를 위해서는 탄력 있고 긴 널빤지를 준비하고 균형을 잡기 위해 그 한가운데를 짚단 또는 가마니로 괸다.

　그리고는 양 끝에 한 사람씩 두 사람이 마주 서서 번갈아 뛰어오른다. 한 사람이 뛰어올랐다가 내려오면 그 반동으로 상대방이 그 반동으로 뛰어오른다. 이렇게 번갈아 뛰어오르며 즐겼다. 높이 뛰는 것 또는 오래 뛰는 것으로 승부를 겨루기도 하지만 기본적으로는 한쪽이 균형을 잃어 널빤지에서 벗어나면 지게 된다. 설빔을 차려입은 여성들이 즐겼던 대표적인 놀이로, 대부분의 전통적인 여성 놀이와 달리 격렬한 움직임의 운동이다.

　널뛰기의 기원은 분명하지는 않지만 고려시대부터 행해져서 조선시대에 널리 퍼진 것으로 생각된다. 우리나라에서는 전국적으로 행해지고 있지만 중국에서는 행해지지 않는다. 다만 현재의 오키나와 현에 해당하는 옛 일본의 유구국(琉球國)에 널뛰기와 비슷한 놀이가 있었는데 이를 '판무(板舞)'라고 불렀다고 한다. 아마도 고려 말 또는 조선 초기에 널뛰기가 유구국으로 전래되었던 것으로 추측된다. 이렇게 볼 때 널뛰기는 전통적으로 우리나라의 독특한 놀이라고 할 수 있다.

官幣大社 朝鮮神宮

京城南山の中腹蒼翠滴たる崇厳なあたりに鎮座まします官幣大社朝鮮神宮は畏くも、天照大神、明治天皇の御二柱を祀り奉り、我朝鮮の總守護神として大正十四年御靈を迎へ奉つたものである。内鮮民の尊崇篤く、日々多數の參拜者は踵を接してゐる。

관폐대사 조선신궁

관폐대사 조선신궁(朝鮮神宮)은 경성 남산의 중턱, 초목이 무성하고 숭엄(崇嚴)한 곳에 자리하고 있다. 황송하게도 조선신궁은 아마테라스 오미카미(天照大神)와 메이지 천황을 모시고 있는데, 다이쇼 14년(1925)에 우리 조선의 총 수호신으로서 신령을 맞이해서 모시게 된 것이다. 내선민(內鮮民)[32]의 존중과 숭배가 두터워 날마다 많은 참배자가 방문하고 있다.

> 역자 해설 – 조선신궁
>
> 관폐사는 일본의 황실에서 공물을 지불하는 신사를 말하는데, 주로 천황과 황실 사람을 모신다. 대사(大社), 중사(中社), 소사(小社), 별격(別格)으로 나뉜다.
>
> 일제강점기 일본 당국은 조선 각지에 신사를 세웠는데, 서울 남산에는 총 부지 약 12만 7900평에 조선신궁을 세웠다. 신궁(神宮)은 신사 중 가장 격이 높다. 조선총독부는 남산에 한반도를 대표하는 신사를 세우기 위해 조선신궁 건립을 추진하고 1912년에 예산 편성을 시작했다. 이후 1920년에 기공식을 갖고 공사를 시작했으며, 1925년에 완성했다. 본문에 나오듯이 일본 황실의 기원이 되는 아마테라스 오미카미와 한국 합병 당시의 천황인 메이지 천황을 신으로 모셨다. 일제는 식민지 조선인에게 조선신궁에 대한 참배를 강요하고 이를 통해 국가 신도의 의식과 신앙을 주입, 나아가 동화정책을 완성하고자 했다. 1930년대에 들어서 참배객이 크게 증가했는데, 일본의 노골적인 대륙 침략, 동화정책을 배경으로 참배가 더욱 강요되었기 때문이다. 해방 후 일본인들에 의해 해체되었다.
>
> 현재는 남산공원으로 조성되어 도심의 휴식처가 되었고, 안중근 의사 기념관, 백범광장 등도 자리하고 있다.

---

[32] 일본인과 조선인.

京城驛

……妓 生……

朝鮮の名物の一に妓生がある。内地から來た人は大抵酒席に招かンとす其間酒を斡旋するに内地と藝妓のことに異ならないが妓生は獨自の風姿其の清楚な情趣すべておくもので情趣である。

기생

조선 명물의 하나로 기생이 있다. 내지에서 온 사람들은 보통 술자리에서 기생 한 명을 부른다. 술자리에서의 여흥은 내지의 예기(藝妓)와 다르지 않지만, 그 청초한 모습은 기생 특유의 정취를 느끼게 한다.

사진_ 上 경성역

역자 해설 – 경성역

경성(京城)은 일제강점기 서울을 지칭하는 지명이고 경성역은 서울역의 옛 이름이다. 1900년 7월에 경부선 경성역으로 영업을 시작했다. 한때 역명이 남대문역으로 바뀌었다가 다시 경성역으로 바뀌었다. 이용객의 증가로 1920년에 새로운 역사(驛舍)의 건축이 계획되었다. 새 역사는 1922년 착공되어 1925년에 완성되었는데, 본문 사진에 나오는 건축물이 그것이다. 새 역사는 빼어난 건축물로 이름이 높은데, 르네상스 건축양식에 18세기 서구의 절충주의 양식을 채택했다고 한다. 붉은 벽돌과 지붕이 돔이 조화를 이루며 미적으로도 뛰어나다.

도쿄역(도쿄역 구 역사)과 외관이 상당히 비슷하다. 이는 경성역의 설계자인 도쿄제국대학 교수 쓰카모토 야스시(塚本靖)가 도쿄역을 설계한 다쓰노 긴고(辰野金吾)의 제자이기 때문인 것으로 추정된다. 즉 제자가 스승의 건축양식에 영향을 받았다는 것이다. 건축양식뿐만 아니라 규모와 기능 면에서도 유사하다. 경성역은 준공 당시 도쿄역에 버금갈 정도로 큰 규모였고, 도쿄역처럼 국가 교통망의 중심이 되었다. 웅장한 규모와 빼어난 미관으로 완성 당시 큰 화제를 모았던 건물이다.

해방 후 경성역은 서울역으로 개칭되고 역사도 새롭게 건축되었지만, 경성역 역사는 서울역 구 역사로서 오늘날까지 보존되고 있다. 현재 사적 제284호이며 서울의 중요 건축 문화재 중 하나이다. 2004년 1월에는 민자 역사(신 역사)에 그 기능을 빼앗기고 역사로서 폐쇄되었지만, 2017년 11월부터 역사로 다시 이용되고 있다. 근대와 현대를 잇는 중요한 건축물이다

역자 해설 - 기생

그 기원에는 여러 가지 설이 있으나 오늘날의 개념으로서의 기생(妓生)이 형성된 것은 조선시대의 일이다. 그러므로 보통 기생이라고 하면 조선시대의 기생을 가리킨다. 주로 연회에서 가무로 흥을 돋우는 일을 했고 신분상으로는 천민이었다. 기생은 하나의 신분으로 세습되고, 국가에 의해 관리되었다. 사회적 지위는 낮지만 시와 서화를 익힌 교양인이었으며, 당대의 지식인과 교류하기도 했다. 그 중 개성의 황진이((黃眞伊), 부안의 이매창(李梅窓)이 유명하다.

1894년의 갑오개혁으로 신분제도가 철폐된 후에는 국가의 통제가 사라지고 민간의 직업인이 되었다. 그 결과 국가에서 관할하는 기생청을 대신해서 기생조합이 탄생했다.

그 후 기생조합은 '권번(券番)'이라는 일본식 명칭으로 자리 잡았다. 일제강점기에 기생 활동은 허가제였는데, 권번에 소속되지 않으면 영업을 할 수 없었다. 일제강점기에 권번은 기생의 양성기관·관리기관으로서 번성했는데, 서울·평양은 물론, 대구·부산 광주 등 각 지방에서 권번이 조직되어 요릿집, 요정을 무대로 활발한 영업을 펼쳤다. 그러나 광복 이후 권번은 사라졌고 기생도 점차 자취를 감추게 되었다.

京城市街

京　城

李朝太祖が初めて王都を奠めて以來半島の首都として五百年の傳統を持つ所、今も朝鮮總督府所在地として政治、軍事、經濟、文化其他重要な中樞機關を集中し、市街また近代都市的施設を完備してゐる。人口七十萬六千餘、うち十三萬餘の內地人を擁し、正に六大都市に竝ぶ大都、而も李朝五百年の遺跡と天惠の風光は京城を一大觀光都市たらしめてゐる。

南大門

昌慶苑の櫻

경성

처음 이조 태조가 왕도로 정한 뒤, 반도의 수도로서 500년의 전통을 간직하고 있다. 지금도 조선총독부 소재지로서 정치, 군사, 경제, 문화 기타 중요한 중앙 기관이 집중되어 있고, 시가 또한 근대의 도시 시설을 완비하고 있다. 인구는 70만 6000여 명이며, 그중 13만 남짓이 내지인이다. 명실상부 일본 6대 도시에 버금가는 대도시이다. 일대 관광 도시답게 이조 500년의 유적과 천혜의 풍광을 자랑한다.

사진_ 上 경성 시가 / 中 남대문 / 下 창경원의 벚꽃

역자 해설 – 경성 시가

원문의 사진은 경성의 남대문통(南大門通) 모습으로 오늘날의 남대문로에 해당한다. 전차 옆의 왼쪽 건물은 조선은행 본점이다. 르네상스풍으로 지어진 우아한 건축물이다. 옛 한국은행 건물이며 오늘날에는 한국은행 화폐박물관으로 쓰이고 있다. 이와 마주한 오른쪽 건물은 경성우편국이다. 역시 르네상스풍의 웅장한 건물이다. 건물 벽면에 걸려있는 "거국일치 우편저금(擧國一致郵便貯金)"이라는 구호가 보인다. 1930년대 일본은 대륙 침략을 확대하며 일종의 '비상시국'으로 운영되고 있었다. 저축을 강조하는 위의 구호는 그러한 시국을 잘 반영한다. 이 건물은 한국전쟁 때 심하게 파괴되어 이후 철거되었다. 또한 중앙에는 레이트 크림(レートクレーム, lait creme)이라고 쓰인 광고탑이 보인다. 레이트 크림은 '히라오산페이(平尾贊平)상점'이란 도쿄 소재의 화장품 회사 브랜드로 당시 경성에도 진출해 있었다.

그 외에도 이 부근에는 조선저축은행(현 SC 제일은행), 미쓰코시백화점 경성점(현 신세계백화점) 등 당대의 건물이 몰려있어 상업·금융의 중심지를 이루었다. 당시 이미 '경성 월스트리트'라고 불렸고, 오늘날에도 그 위상은 변함이 없다.

역자 해설 – 남대문

원래 이름은 숭례문이며 옛 서울의 사대문 남쪽에 위치하기 때문에 남대문으로 불린다. 1398년(태조 7)에 완성되었다. 그 후 1448년(세종 30), 1479년(성종 10)에 대규모 보강 공사가 이루어졌다고 한다. 오랫동안 서울 중심부의 정문 구실을 했다. 그러나 교통로 정비를 이유로 1907년 일제에 의해 양쪽 성벽이 헐리면서 대문으로서의 역할은 사라지고 문만 남았다. 1934년 조선총독부는 문화재 보호의 일환으로 남대문을 보물 제1호로 지정했다.

2008년 2월에는 토지 보상 문제로 불만을 품은 한 시민의 방화로 크게 불타기도 했다. 이 화재로 2층 누각의 상당수가 소실되었다. 이후 2013년 복원되어 오늘에 이르고 있다. 크고 웅장한 모습을 자랑하는 목조 건축물로 서울의 상징과도 같다. 우리나라 국보 제1호이다.

역자 해설 - 창경원

　　창경원은 오늘날의 창경궁을 가리킨다. 창경궁은 1484년(성종 15)에 수강궁(壽康宮)을 확장하는 형태로 세워졌다. 임진왜란 때 소실되고 1616년(광해군 8)에 재건되었는데, 이후에도 여러 번 차례 피해를 입으며 복구되었다.

　　창경궁이 창경원이 된 것은 일제강점기의 때의 일이다. 일제는 1909년(순종 3) 일제는 창경궁 안의 전각들을 철거하고 동물원과 식물원을 설치했다. 또한 궁 안에 일본식의 박물관을 설치하고 궁원을 일본식으로 꾸몄다. 한국을 병탄한 이듬해인 1911년에는 창경궁을 창경원으로 격하시켰다. 그 외에도 도로를 개설하여 창경궁과 종묘 사이를 단절시키고 궁 안에 일본을 상징하는 벚꽃 나무를 대대적으로 심었다. 그 결과 창경궁은 창경원이라는 이름의 유원지로 이용되었고, 이는 광복 이후에도 한동안 계속되었다. 창경원 벚꽃놀이가 유명해진 것도 그 무렵이다. 그러다가 1981년 정부에서 '창경궁 복원 계획'을 결정하고 복원에 착수했다. 1983년에 창경원이라는 이름이 다시 창경궁으로 바뀌었고 1984년부터 1986년에 걸쳐서 복원공사가 이루어졌다. 이 과정에서 동물원, 식물원, 일본식 건물 등을 철거하고 명정전에서 명정문 사이의 회랑, 문정전을 본래의 모습으로 복원했으며, 벚꽃 나무 대신 소나무, 느티나무, 단풍나무 등 한국의 전통나무를 심었다. 복원된 창경궁은 이제 유원지가 아닌, 어엿한 궁궐의 모습을 갖추어 오늘에 이르고 있다. 사적 제123호이다.

慶會樓

景福宮

李朝太祖が京城を都と定め初めて營んだ宮闕である。其の後兵火に罹り燒失したが明治の初年大院君によって再建された。現在殘る勤政殿・慶會樓は李朝末期に於ける代表的大建築物である。

パゴダ公園の塔

경복궁

이조 태조가 경성을 수도로 정한 뒤에 크게 번성한 궁궐이다. 그 후에 병화(兵火)로 말미암아 소실되었다가 메이지 초년(1868)에 대원군에 의해 재건되었다. 현재 남은 근정전, 경회루는 이조말기를 대표하는 건축물이다.

사진_ 上 경회루 / 下 파고다공원의 탑

역자 해설 – 탑골공원의 탑

　본문 사진의 탑은 현재 국보 제2호인 '원각사지 십층석탑'으로 탑골공원(파고다공원)에 있다. 일반적으로 1465년(세조 11)에 원각사가 세워지고, 그 탑도 1467년(세조 13) 경에 만들어졌다고 한다. 원각사는 연산군 때 폐사되었지만 탑은 지금껏 남아있다. 아래에 3층의 기단(基壇)이 아(亞)자 모양으로 있고, 그 위에 10층의 탑신부(塔身部)가 있는 구조이다.

　기단은 사면으로 돌출되어 있으며, 옆면에는 용, 사자, 모란, 연꽃 등 많은 조각이 새겨져있다. 10층의 탑신부 중 아래의 3개 층은 기단처럼 사면으로 돌출된 형태로 아(亞)자 모양이고, 4층부터는 정사각형 모양을 하고 있다. 탑신부에도 각종 조각이 새겨져 있는데, 석가모니의 설법 장면과 함께 불상, 보살상, 천인상(天人像) 등이 돋보인다. 탑신부 각 층은 전통적인 기와집을 모방한 것으로, 기와지붕, 난간, 기둥 등이 정교하게 조각되어 있다. 아래로 기단부터 위로 탑신부 10층 꼭대기까지 탑 전체에 갖가지 문양, 동식물, 인물 조각이 가득하다. 조선시대에 보기 드문 화려한 양식이다.

　높이는 12미터이며 일반적인 우리나라의 석탑과는 다르게 대리석으로 제작되었다(보통은 화강암). 조선시대 석탑의 최고 걸작으로 꼽힌다. 맨 위의 3개 층은 오래전에 무너져 내려서 지상에 방치되어 있다가 1947년에 원래의 모습으로 복구된 것이다. 오늘날에는 탑의 보호를 위해 거대한 유리벽 안에 보관되어 있다.

역자 해설 – 경회루

　경복궁 내의 누각으로 주로 국가의 경사를 위한 잔치, 외국 사신을 위한 연회 장소로 쓰였다. 원래 작은 누각이었는데, 태종의 명령으로 1412년(태종 12)에 공조판서 박자청(朴子靑)이 연못을 파고 누각을 새롭게 지었다. 누각의 이름은 하륜에 의해 경회루(慶會樓)라고 지어졌다.

　이후 여러 차례 중수가 이루어졌으나 임진왜란으로 소실되어 오랫동안 폐허로 남아있었다. 1867년(고종 4)에 흥선대원군에 의한 경복궁 중건 과정에서 재건되었다. 거의 본래의 모습을 찾았으나, 일제강점기 일본 당국에 의해 주변의 담이 헐렸다. 본문의 사진처럼 외부에서 경회루가 훤히 보이게 된 것은 그 주변의 담장이 모두 철거되었기 때문이다. 우리나라에서 가장 큰 누각이며 그 아름다움으로 유명하다. 국보 제224호이다.

역자 해설 - 경복궁

    태조 이성계의 즉위 3년째인 1394년에 공사를 시작하여 다음 해인 1395년에 완공되었다. 궁의 명칭은 '큰 복을 누리라'는 뜻의 '경복(景福)'에서 따왔다.

    조선왕조 궁궐의 중심이었으나 임진왜란 당시 소실되어 오랫동안 복구되지 못했다. 그 후 흥선대원군에 의해 1867년 말 중건되었다. 그러나 중건 후에도 경복궁의 수난은 계속되었다. 1895년 궁에서 명성황후가 시해되고, 1896년에는 고종이 러시아공사관으로 피신하는 바람에 빈 궁궐이 되기도 했다. 이후 일본에 의해 국권을 강탈당하자 경복궁의 많은 건물이 헐렸고, 불탄 창덕궁 수리에 경복궁 건물의 자재가 사용되기도 했다. 또한 일제는 정문인 광화문을 이전시켰으며, 경복궁의 중심 건물인 근정전 앞에 조선총독부 청사를 지어 근정전을 가로막았다.

    1945년 광복 후 경복궁은 공원으로 개방되었고 옛 조선총독부 청사는 정부종합청사, 국립중앙박물관으로 사용되었다. 그리고 1996년에 옛 조선총독부 청사가 철거된 이후 본격적인 복원 사업이 이루어져 오늘에 이르고 있다. 고궁 중 가장 유명하며 휴일이면 관람객으로 북적인다. 특히 한복을 입은 관람객이 많아, 경회루를 비롯한 경복궁 곳곳에서는 한복 차림의 관람객을 쉽게 볼 수 있다. 사적 제117호이다.

朝鮮ホテル

サンルーム

皇穹宇

鐵道局直營
朝鮮ホテル

朝鮮鐵道局直營にかかり、京城の中央長谷川町の高臺にあり、客室八十餘設備完整せる東洋有數の大ホテルである。ホテルの敷地はもと圜丘壇と稱し李朝時代の由緒ある歷史を有する趾で、今の後庭は皇穹宇と云ふ當時の遺物たる一譙樓を中心として造庭せられたもので閑靜古雅の趣をなし旅情を慰むるに充分である。

철도국 직영 조선호텔

조선호텔은 조선철도국 직영이며, 경성 중앙의 하세가와 초(長谷川町)의 고대(高臺, 높이 쌓은 대)에 있다. 객실 80여 석의 설비를 완비한 동양 유수의 대(大) 호텔이다. 호텔의 부지는 원래 원구단(圜丘壇)[33]이라 칭하는 이조시대의 유서 깊은 역사가 서린 곳이다. 지금의 후원은 당시의 황궁우(皇穹宇)라는 누각을 중심으로 조성된 것인데, 조용하고 우아한 옛 정취가 여행의 피곤함을 풀어준다.

사진_ 上 조선호텔 / 左 황궁우 / 右 선룸(sun room)

역자 해설 - 황궁우

대한제국의 고종 황제가 하늘에 제사를 지냈던 환구단('원구단'이라고도 함)의 부속 건물로, 하늘의 위패가 보관되어 있던 곳이다. 예로부터 우리나라에는 하늘에 제사를 지내는 전통이 있었다. 그러나 이러한 제사는 1464년을 끝으로 거행되지 않다가 고종에 의해 재개되었다. 아관파천 후 고종은 환구단의 제도를 정비하고, 남별궁(지금의 소공동)에 환구단을 만들었다. 그리고 1897년 10월에 환구단에서 하늘에 제사를 올린 뒤 황제로 즉위했으며 1899년에는 황궁우를 축조했다. 하지만 1913년 일제는 환구단을 헐고 그 자리에 조선호텔(웨스틴조선호텔)을 지었다. 그러나 황궁우는 현재도 남아있다. 사적 제157호이다.

역자 해설 - 철도국 직영 조선호텔

지금의 '웨스틴조선호텔'이다. 원래 그 부지는 환구단이 있던 곳이다. 조선총독부 철도국에 의해 1914년에 지어졌고 그해 10월에 개관했다. 각 방에 욕실, 전화기가 있고, 엘리베이터, 무도장, 고급 다방 등을 갖춘 일류 호텔이었다. 1945년 8월 15일 이후에는 미 군정 사령부, 이승만 집무실이 설치되기도 했다. 해방 후에도 오랫동안 한국의 주요 호텔로 기능했다. 현재 신세계가 인수해서 서울 웨스틴조선호텔로 경영하고 있다. 1970년의 신축으로 본문 사진의 건물은 남아 있지 않다. 본문 속 선룸의 풍경은 오늘날의 커피숍과 별 차이가 느껴지지 않는다. 당시의 세련된 문화를 잘 보여준다.

---

[33] 대한제국의 고종 황제가 하늘에 제사를 지냈다는 일종의 제단이다. '환구단'이라고도 한다.

京城郊外

君子里ゴルフ場

ハイキング

경성 교외

사진_ 上 군자리 골프장 / 下 하이킹

역자 해설 – 군자리 골프장

우리나라에서 골프가 도입된 것은 대략 1900년경 영국인들에 의해서라고 한다. 이후 골프는 서양인과 일본인을 중심으로 퍼져나갔고 그 때문에 일제강점기에는 각지에 골프장이 들어섰다. 경성(서울)의 군자리 골프장도 그중 하나였다. 그 부지는 조선 왕실의 소유로 지금의 어린이대공원에 해당하는 30만 평의 땅이었는데, 설립 당시 영친왕이 부지 사용을 허가한 것은 물론, 골프장의 개발비·유지비 등을 지원했다고 한다.

1930년에 개장한 군자리 골프장은 당시 최신의 골프 코스로 지어졌으며, 많은 회원을 거느리며 번창했다. 그러나 태평양전쟁의 발발 이후 골프 관련 활동은 침체기를 맞이했고, 결국 엄격한 전시체제하에서 군자리 골프장은 문을 닫았다. 사진 속의 모습은 군자리 골프장이 한창 번창했을 무렵이다.

仁川月尾島

　大小二つの月尾島は長い築堤によつて陸地と接續してゐる。島周約三粁餘、仁川港內外を一眸に收めて眺望實に絕佳である。島の北端には潮湯、プール、旅館、貸別莊等の設備があつて春より秋にかけては大娛樂場となる。

仁川港

　仁川はもと濟物浦と云ふ黃海岸の一漁村に過ぎなかつたが明治十六年開港と共に漸次發展し今日の殷盛を來たもので對支貿易額は鮮內第一位を占め閘門式築港を設けてゐる。日淸、日露兩役の導火線となつて豐島沖の海戰と、我瓜生艦隊の露艦ワリヤーク、コレーツ二隻を擊沈したる海戰は何れもこの仁川のすぐ近くの沖合であつた。

天日製鹽

　昔朝鮮に於ける民間の製鹽は製法が幼稚で生產費が嵩み安價な支那鹽に壓倒せられて居たが今は天日鹽田にて製鹽せられ、總督府の專賣制となつてゐる。天日鹽田の大なるものは京仁線の朱安と廣梁灣の二ヶ所である。

인천 월미도

큰 섬과 작은 섬으로 이루어진 월미도는 육지와 긴 둑으로 연결되어 있다. 섬 주위는 약 3킬로미터 이며, 인천항이 한눈에 들어오는데 경치가 더할 나위 없이 아름답다. 섬의 북단에는 조탕(潮湯), 풀장, 여관, 별장 등의 설비가 있어서 봄부터 가을에 이르는 기간 동안 큰 오락장이 된다.

인천항

인천항은 원래 제물포라고 하는 황해안의 일개 어촌에 지나지 않았지만 메이지 16년(1883)의 개항 과 함께 점차 발전해 오늘날에는 융성하게 되었다. 대지나(對支那)[34] 무역액은 조선에서 제1위를 점하 고 있으며 갑문식 항구가 설치되어 있다. 일청전역의 도화선이 된 풍도(豊島) 해전, 그리고 일러전역 에서 우류 소토키치(瓜生外吉)가 이끄는 함대가 러시아 함 바략과 코리츠를 격침시킨 해전[35]이 이 인 천 앞바다에서 벌어졌다.

천일제염

옛날부터 조선에서 행해졌던 민간의 소금 제조는 방법이 유치하고 생산비가 높아서 값싼 지나 소금 에 압도당하고 있었다. 하지만 지금은 총독부의 전매제하에서 천일염전(天日鹽田)에서 소금을 제조하 게 되었다. 천일염전의 상당수는 경인선의 주안 그리고 광양만(廣梁灣)에 있다.

사진_ 上 인천 월미도 / 中 인천항 / 下 천일제염

---

[34] 당시 일본은 중국을 지나(支那)로 불렀다.
[35] 제물포 해전으로서 러일전쟁의 초기 전투였다.

역자 해설 - 인천 월미도

  인천광역시 중구에 속해 있는 섬이다. 그러나 주변이 매립되어 지금은 사실상 육지가 되었다.
  월미도의 본격적인 개발은 20세기 들어서 일제에 의해 이루어졌다. 러일전쟁 시기(1904-1905)에 일제는 월미도에 포대를 쌓고 섬을 점령했다. 그리고 인천항 갑문이 설치된 뒤에는 한강에서 흘러드는 물살과 토사를 막기 위해 1킬로미터 규모의 제방을 쌓았다.[36] 그렇게 일제는 월미도를 육지와 연결한 다음 휴양지로 개발했다. 그래서 1920년대에 들어 월미도는 해수탕인 조탕(潮湯)을 비롯해 동물원, 해수욕장, 요정, 간이 식당, 매점, 보트 대여소 등을 갖춘 휴양지로 발전했다.[37] 그 결과 월미도는 수많은 방문객이 찾는 인천의 명소가 되었고, "때마침 일본은 30년대 후반으로 접어들면서부터 전시 호황을 누리게 되어 인천 사람은 말할 것도 없고, 서울과 각 지방에서 돈 있는 유흥객이 기차편으로 계절을 가리지 않고 운집했다"고 할 정도로 호황을 누렸다.[38]
  하지만 일본의 태평양전쟁 이후 쇠락하기 시작해서 한국전쟁으로 크게 파괴되고, 그 후에는 군부대가 들어서서 민간인 출입이 통제되었다. 그러다가 1980년대에 관광지로 조성되어 유원지가 들어섰다. 이후에는 문화의 거리가 조성되고 그 주위로 카페·식당이 즐비하게 들어서서, 인천의 주요 관광지가 되었다.

역자 해설 - 인천항

  인천항은 인천광역시 중구에 있는 항구이다. 1883년 부산항, 원산항에 이어 3번째로 개항되었다. 개항 당시에는 작은 어촌에 불과했다.
  개발은 1884년부터 시작됐으나 근대적 항구로서의 본격적인 개발은 1906년부터 진행되었다. 일제는 1906년부터 본격적인 인천항 축조를 진행했고, 1911년에는 추가 공사를 시작해서 1918년에 갑문식 제1선거를 완공했다. 근대적 갑문 시설을 갖추게 된 셈이다. 그 결과 인천항은 큰 배가 통행할 수 있는 중요한 항구가 되었다. 또한 일제는 중국 침략을 위해 1930년대부터 인천항 확장 공사를 진

---

[36] 인천광역시 시사편찬위원회, 『인천의 건축(하)』, 인천광역시, 2016, 239쪽.
[37] 위의 책, 239쪽.
[38] 신태범, 『인천 한세기』, 도서출판 한송, 1996, 26쪽.

행하기도 했으나 태평양전쟁으로 인해 중지되었다. 그 후 한국전쟁 때 크게 파괴되었다.

그러나 전후에 복구가 이루어지고, 경제개발 5개년 계획에 따라 다시 개발되어 오늘날 서해안 최대의 무역항으로 발전했다. 또한 1992년 중국과의 수교가 성립된 이후에는 지리상의 이점으로 대중국 교류의 중요한 역할을 담당하고 있다.

역자 해설 – 천일제염

본래 우리나라에서는 바닷물을 끓이는 자염(煮鹽)의 방식으로 소금을 만들었다. 반면 일제강점기 일본인들이 소개한 방식은 천일제염이었는데, 이것은 염전에 바닷물을 끌어들인 다음, 태양열로 수분을 증발시켜 소금을 제조하는 방법이다. 그 후 천일제염방식은 전통적인 자염 방식을 밀어내고 우리나라의 주류 제염방식으로 정착했다. 일제강점기 일본은 소금을 전매(국가가 재정수입을 목적으로 법적으로 특정 물품의 제조와 판매를 독점하는 것)하면서 소금 생산의 증진을 꾀했다.

일제가 조성한 천일제염 염전 중 대표적인 염전은 인천의 주안염전이다.[39] 최초의 천일제염 염전으로서 주안염전은 1907년에 문을 열었고 1909년에 본격적으로 소금을 생산했다. 이후 주안염전은 점점 넓어지며 생산량도 증가했다. 당시 소금은 필수품으로서 귀했기 때문에 대규모 염전은 산업적으로 커다란 가치를 지녔다. 주안염전이 번성했음은 말할 것도 없다. 그러나 제염업의 쇠퇴로 1968년 주안염전은 사라지고 이후 그 자리에는 공단이 들어섰다. 또한 평안남도에 위치한 광양만(廣梁灣)도 일제강점기에 대규모 염전으로 유명했다.[40]

---

[39] 엄밀히 말해서 주안염전의 조성은 당시 대한제국 정부의 정책이기도 했다.
[40] 염전의 역사에 대해서는 주로 류창호, 『식민지기 인천의 근대 제염업』, 보고사, 2017의 내용을 참조했다.

人蔘畑

朝鮮人蔘

開城

松嶽山の南麓に位置し高麗朝の王都として繁榮した處で古來鮮内有數の商業都市としても知られてゐる。又不老長壽の靈藥として世に珍重せらるる朝鮮人蔘は地質、氣候の關係から此地が其主產地で專賣局の人蔘製造工場がある。

개성

송악산의 남쪽 기슭에 위치하며 고려 왕조의 왕도로서 번영했던 곳이다. 고래로 조선 유수의 상업 도시로도 알려져 있다. 또한 불로장수의 영약으로서 진귀하게 취급받는 조선 인삼은 지질, 기후의 관계상 개성을 주산지로 하고 있고 전매국의 인삼 제조 공장도 이곳에 있다.

사진_ 上 선죽교 / 左 인삼밭 / 右 조선 인삼

역자 해설 – 선죽교

선죽교(善竹橋)는 오늘날 개성시 선죽동에 있는 고려시대의 석교(石橋)이다. 화강암으로 만들어진 길이 8.35미터, 너비 3.36미터의 작은 다리이다. 태조 왕건 당시 만들어진 것으로 추정된다. 1392년 정몽주가 이성계의 다섯째 아들인 이방원이 보낸 부하들에게 피살된 장소로 유명하다. 본래의 이름은 선지교(善地橋)인데, 정몽주가 죽은 후 그곳에서 정절의 상징인 대나무가 돋아나서 다리 이름이 선죽교가 되었다고 한다. 원래는 난간이 없었는데 1780년(정조 4) 정몽주의 후손에 의해 설치되었다.

북한의 국보 문화유물 제159호로 지정돼 있다. 600년이 넘는 시간이 흘렀음에도 역사적 기억과 함께 그 모습이 온전히 보존되어 있는 것이 놀랍다.

朝鮮鐵道會社 黃海線

長壽山

昔から黃海金剛と稱せられ全山鑿塊より成る峰巒重疊し、其の間をめぐる淸溪と相俟つて、山水の美、奇を盡し、妙を極め、春より秋にかけて探勝に出掛けるものが多い。山腹に古刹妙吾寺がある。土城、沙里院から朝鐵黃海線によつて行ける。

白川溫泉

白川溫泉は發見以來未だ十歲を出でざる新興の溫泉場であるが京城に近く地の利を得てゐるので近年溫泉ホテルの如き大規模の施設がなり、浴客が頓に增加した。尙每年冬期は此附近の田圃に無數の鶴が飛來し頗る壯觀を呈するので鶴の名所ともなつてゐる。京義線土城驛から朝鐵線により僅かに三十分で達せらる。

조선철도회사 황해선

장수산

예로부터 '황해금강'으로 불리었다. 곳곳의 바위가 봉우리를 이루며 그 사이를 지나는 맑은 시내와 어우러져 산수의 미를 이루고 풍경을 기묘하게 만들고 있다. 봄부터 가을에 걸쳐서 많은 사람들이 방문하며 산중턱에 고찰 묘음사(妙音寺)가 있다. 토성(土城), 사리원(沙里院)에서 조선철도의 황해선으로 갈 수 있다.

배천온천

배천온천(白川溫泉)은 발견된 지 아직 10년도 되지 않은 신흥 온천장이다. 그러나 경성에서 가깝다는 지리적 이점이 있기 때문에 근년의 온천 호텔과 같은 대규모 시설이 들어오고 손님이 점차 늘어나고 있다. 또한 매년 겨울 이 부근에는 무수한 숫자의 학이 날아와서 장관을 연출하기 때문에 학의 명소가 되었다.

경의선 토성역에서 조선철도선으로 30분이면 갈 수 있다.

兼二浦と鐵

兼二浦は大同江岸に臨み日露の役京義線敷設材料の陸揚地となつて以來有名となつた處で、大正三年三菱が此の地に製鐵所を設け、附近の鐵鑛、炭礦等の天惠富源の開發に着手して以來人口頗る增加し今日の如き都邑となつたものである。

製鐵所は現在日鐵に屬し、主として栽寧、兼二浦、价川等の鮮產鐵鑛を用ひ銑鐵、鋼鐵、厚板其他各種副成品の製出に盛んな活動を續けてゐる。

兼二浦日本製鐵會社製鐵所

价川鐵山

겸이포와 철

겸이포(兼二浦)는 대동강변에 위치하는데 일러전역 당시, 경의선 부설 재료의 육양지(陸揚地)[41]가 된 이래 유명해진 곳이다. 다이쇼 3년(1914)에 미쓰비시(三菱)가 이곳에 제철소를 짓고 부근의 철광, 탄광 등 천혜의 자원 개발에 착수했다. 그 후 인구가 크게 늘어 오늘날과 같은 도시가 되었다.

제철소는 현재 일본제철[42]에 속하며 주로 재령(載寧), 겸이포, 개천(价川) 등의 철광을 이용하고 있다. 선철, 강철, 강판, 기타 각종 반제품의 수출을 왕성하게 추진하고 있다.

사진_ 上 겸이포 일본제철회사 제철소 / 下 개천의 철산

역자 해설 – 겸이포제철소

겸이포제철소는 1914년 일본의 재벌 미쓰비시(三菱)가 옛 황해도 송림면에 지은 제철소이다. 이 지역에 제철소를 건설하기로 한 것은 인근의 철산에서 양질의 철광석이 산출되었기 때문이다. 주로 선철과 선박용 강재(鋼材)를 생산했으며 군수공업에서 중요한 역할을 했다. 일제강점기 주요 제철소였으며 현재는 북한의 주요 제철소로 '황해제철연합기업소'로 불린다. 우리나라 최초의 근대적 제철소이다.

한편, 겸이포제철소는 '겸이포제철소폭파의거'가 벌어졌던 장소이기도 하다. 1920년 만주의 무장 독립운동 단체들은 당시 한국을 방문하는 미국의 정치인들에게 한국의 독립운동을 알리고자 했다. 그래서 일본의 통치기관 폭파를 결행했는데, 겸이포제철소도 그중 하나였다. 당시 폭파를 성공시킨 정인복은 일본 경찰에 체포됐지만, 곧 탈출해서 만주로 돌아갔다고 한다.

---

[41] 배에 실은 짐을 내리는 곳.
[42] 오늘날의 신일본제철에 해당한다.

平　壤

平壤は京城以北に在る大都會で人口約十八萬、平安南道廳の所在地として政治經濟上に重きをなし、又附近は土壤肥沃なる大同の平野遠く連り農産も頗る豐饒であつて、物資集散の中心をもなしてゐる。加ふるに附近には無盡藏と稱せられる無煙炭を藏し、其採掘も近年著しく旺盛となり工業地としても益々發展してゐる。
商工都市としての平壤は又一面、朝鮮最古の歷史を有する古都であつて滿に見る樣な山紫水明の境地と幾多の由緖ある史蹟とは朝鮮旅行者にとつて見逃せない觀光對象である。

雪の牡丹臺

花の牡丹臺

평양

평양은 경성 이북에 있는 대도시로, 인구는 약 18만 명이며 평안남도청의 소재지로서 정치·경제상의 중요성을 지닌 곳이다. 또한 부근은 비옥한 토양의 대동평야가 펼쳐져 있어 농산물이 풍부하기 때문에 물자 집산의 중심이 되고 있다. 게다가 주변에는 무진장할 정도의 무연탄이 있으며, 그 채굴도 근년에 왕성하게 이루어지고 있다. 따라서 공업지로서도 점점 발전하고 있다.

평양은 상공(商工) 도시로서뿐만 아니라 조선 최고의 역사를 자랑하는 고도(古都)이기도 하다. 그림에서나 볼 것 같은 아름다운 경치와 유서 깊은 많은 사적(史蹟)은 조선 여행자의 놓칠 수 없는 볼거리이다.

사진_ 上 모란대의 눈 / 下 모란대의 꽃

妓生學校

平壤は古來官妓の産地で今尚美妓嬌妓が鈔くなく、妓生は牡丹臺と共に平壤名物の一となつてゐる。俗に妓生學校と稱する箕城檢番は妓生の技藝向上の爲設けられた養成機關で歌謠、舞踊、書畵に至るまで教授してゐる。平壤視察の日程には必ず入れるべきものである。

大同江に浮ぶ畵舫

기생학교

평양은 고래로 관기(官妓)의 산지로, 지금도 아름답고 교태를 부리는 기생이 적지 않다. 기생은 모란대와 함께 평양 명물의 하나이다. 속칭 기생학교라고 하는 기성권번(箕城券番)은 기생의 기예 향상을 위해 설치된 양성 기관이다. 가요, 무용, 서화 등을 가르치고 있다. 평양 시찰 일정에서 빼놓을 수 없는 존재이다.

사진_ 下 대동강을 거니는 놀잇배

역자 해설 - 기생학교

일제강점기 기생은 권번이라는 기생조합을 중심으로 번성했다. 전국의 권번 중 서울을 제외하고 가장 유명한 권번은 평양에 위치한 기성권번(箕城券番)이었다. 기성(箕城)은 평양을 가리킨다. 평양은 미인의 산지로서 간주되었고, 평양 기생은 전국적으로 매우 유명했다. 당시 일본에서는 평양 기생을 평양의 명물로서 크게 선전했고, 여행안내서에도 기생의 사진이 빠지지 않았다.[43] 일종의 관광 상품화가 진행되었던 셈이다. 원문의 사진에 나오듯이 평양에는 기성권번이 주관하는 기생학교가 있었는데, 이 기생학교 또한 관광거리가 되었다. 그래서 일부 일본인 관광객은 여행기에 평양의 기생학교를 참관한 감상을 자신의 여행기에 적기도 했다.[44]

평양 기생학교는 어엿한 3년제 학교였고, 일정한 액수의 입학금과 수업료를 내야했다. 그리고 시조, 가곡, 무용, 창가, 수신, 산술, 조선어, 국어(일본어), 서화 등 소정의 과목을 이수해야했다. 졸업 후에는 기생으로서 평양의 요릿집은 물론 전국 각지에 파견되었다. 1934년에는 학생 수가 250명에 달했다. 당시 평양 기생학교는 평양의 명물로 자리 잡아 각지에서 온 손님으로 끊이지 않았다고 한다. 일제강점기 권번과 기생의 번성기를 대표하는 곳이다.

---

[43] 서기재, 『조선 여행에 떠도는 제국』, 소명출판, 2011, 220~225쪽.
[44] 위의 책, 220~224쪽.

朝鮮の弓

朝鮮では陽春の頃、多数の妓生の唄や踊のなかに、華やかに弓術會が催される。今では妓生らも射手として出場することがあり、武術といふよりはむしろ娯樂的な年中行事と見るべきものである。弓の胴は内地のと比べて短かく、彎曲度が大きい。

조선의 활

봄 무렵, 조선에서는 다수의 기생이 소리와 춤을 뽐내는 가운데 궁술회(弓術會)가 성대하게 개최된다. 지금은 기생도 사수로서 활쏘기에 나오는 경우가 있는데, 무술이라기보다는 오락적인 연중행사로 보아야 한다. 활의 몸체는 내지의 것과 비교해서 더 작고 더 많이 휘어져 있다.

역자 해설 - 활쏘기

활쏘기는 우리나라의 대표적인 무예이다. 역사적으로 고구려의 건국자인 주몽, 백제의 고이왕, 조선의 태조 이성계는 명궁으로 유명하다.

우리나라의 대표적인 활은 나무에 힘줄, 물소 뿔 등을 조합한 합성궁이다. 시위를 풀면 반대로 휠 정도로 탄성이 강하다. 그러므로 당기는 것은 어렵지만 크기가 작으면서도 화살이 멀리 날아가고, 말을 타며 쏠 수도 있었다. 이 때문에 활은 산이 많은 한반도에서 널리 사용됐고, 강력한 적군과의 싸움에서 커다란 효과를 거두기도 했다. 그 결과 활쏘기가 무예로서 널리 보급되었음은 물론이다.

한편, 활쏘기는 단순한 무예가 아니라 사람들이 널리 즐긴 놀이이기도 했다. 『동국세시기』에는 전라도 남원 풍속에 봄이 되면 사람들이 모여서 술을 마시고 활쏘기를 했다고 하며, 익산 지역인 용안(龍安)에서도 사람들이 봄과 가을에 활쏘기를 했다고 한다. 이는 활쏘기가 연중행사 즉 세시풍속으로도 벌어졌다는 것을 보여준다. 일제강점기에는 무예로서의 활쏘기는 쇠퇴했지만 놀이로서의 활쏘기는 여전히 행해졌는데, 원문의 정경이 그러한 사실을 잘 보여준다.

平壤博物館全景

高句麗古墳壁畫

樂浪古墳より出土せる木棺

사진_ 上 평양박물관 전경 / 中 고구려 고분 벽화 / 下 낙랑고분에서 출토된 목관

역자 해설 – 평양박물관

1915년 일본은 조선총독부박물관을 세워 조선의 유적과 유물을 수집·연구하는 한편, 수집한 유물 및 미술품을 전시했다. 지방에도 박물관을 세웠는데, 그 과정에서 1933년 부립(府立) 박물관으로서 평양박물관이 세워졌다. 당시 평양박물관은 고구려와 낙랑시대를 중심으로 유물을 전시했는데, 많은 전시품을 총독부박물관에서 대여해왔다.[45]

이러한 일련의 과정을 통해 일제는 자신들에게 부합하는 조선상을 확립시키려고 노력했다. 물론 이 과정에서 유적·유물의 발굴 조사는 도쿄제국대학, 교토제국대학 측 인사가 주도하고, 그 연구 결과도 일본인 학자들이 일본어로 공유할 뿐, 한국인 연구자는 철저히 배제되었다고 한다.[46]

역자 해설 – 낙랑과 낙랑고분

한나라 무제(武帝)는 기원전 108년경에 고조선을 멸망시켰다. 그리고 그곳에 낙랑(樂浪)·진번(眞番)·임둔(臨屯)의 3군을 두고 이듬해에 현도군(玄菟郡)을 추가로 설치했다. 이를 한나라가 설치한 4개의 군(郡), 즉 한사군(漢四郡)으로 부른다. 한사군은 한나라의 동방 지배를 의미하는 것이었는데, 옛 고조선의 중심지에 위치한 낙랑은 중국 세력의 중심지가 되었다. 한나라 세력은 낙랑에서 토착민인 옛 고조선 유민을 억압·착취했다고 한다. 그 후 낙랑군은 중국 세력의 전초기지로서 오랫동안 존속하다가 313년 고구려에 합병되어 사라졌다.

낙랑군의 중심지는 고조선의 중심지를 파악하는데 있어 중요한 단서가 되는데, 그 근거는 현재의 평양 지역을 중심으로 발견된 대량의 낙랑고분이다. 낙랑고분의 묘제는 덧널무덤(木槨墓)과 벽돌방무덤(塼室墓)이 많은데, 이는 한나라의 무덤 양식이 반영된 것이다. 또한 토기, 동기, 철기, 칠기 등 한나라식 유물이 많이 출토되어 중국 문화의 영향을 말해준다.

낙랑고분의 존재는 일제강점기에도 잘 알려져 있어서 많은 발굴이 이루어지는 한편, 광범위한 도굴도 행해졌다. 해방 후에는 남북분단으로 인해 연구가 쉽지 않은 실정이다.

---

45 이난영, 『박물관학』, 삼화출판사, 2008, 33쪽.
46 荒井信一, 『コロニアリズムと文化財』, 岩波書店, 2012, 66~68쪽.

鎭南浦港

平壤の西南、大同江口に臨んだ開港場で對支貿易が盛んである。平壤附近に産する無煙炭は此地から船によつて內地に積出され、鎭南浦驛には其積込に必要なる特殊の施設をした操炭機がある。

埠頭コンベヤー

貯炭場起重機

伸縮式送炭筒

진남포항

평양의 서쪽, 대동강 하구에 있는 개항장이다. 대지(對支) 무역이 활발하다. 평양 부근에서 나는 무연탄은 이곳에서 배를 통해 내지로 운반된다. 진남포항에는 무연탄 적재에 필요한 특수 설비를 갖춘 조탄기(操炭機)[47]가 있다.

사진_ 上 부두의 컨베이어 / 左 신축식 송탄통 / 右 저탄장[48] 기중기

---

[47] 석탄을 싣는 기계.
[48] 저탄장(貯炭場)은 적절한 수급을 위해 석탄, 숯 등을 저장하는 곳이다.

蝀龍窟

妙香山聞滿峯

蝀龍窟

鍾乳洞の奇勝は我々の到底想像も及ばない地下の驚異であつて何人も其偉觀に接したならば自然の力と造化の妙に驚かざるを得ないであらう。由來平安南北道には此種の鍾乳洞が多いが、今日までに發見せられてゐるものでは蝀龍窟が最も大きい。入口より出口まで約二粁、其間に、無數の石筍、鍾乳石が驚異すべき地下景觀の多樣相を展開する。滿浦線の球場驛で乘換へ蝀龍窟驛より約二粁の處にある。

妙香山

朝鮮四名山の一で太古檀君の降誕した聖地であると傳へられてゐる。樹木鬱蒼と茂り金剛山に似たる風景絶佳の深山で山麓には朝鮮有數の巨刹普賢寺がある。滿浦線の妙香山驛に下車し、清川江の支流に沿ふて約四粁目動車の便もある。

동룡굴

종유동(鐘乳洞)의 특이하고 아름다운 지하의 경치는 우리가 도저히 상상할 수 없을 만큼 경이롭다. 누구라도 그 위대한 광경을 접하면 자연의 힘과 조화의 묘에 놀라지 않을 수 없을 것이다. 평안남북도에는 이러한 종류의 종유동이 많은데 오늘날까지 발견된 것 중에서는 동룡굴(蝀龍窟)의 종유동이 가장 크다. 입구에서 출구까지는 약 2킬로미터, 그 사이에 무수히 많은 석순, 종유석이 경이로운 지하 경관을 더욱 다양하게 한다. 만포선(滿浦線)[49] 구장역(球場驛)에서 환승해 동룡굴역에서 하차하면 약 2킬로미터 지점에 있다.

묘향산

조선 4대 명산의 하나로서 태고 시대에 단군이 탄생한 영지(靈地)라고 전해진다. 수목이 울창하고 무성한 것이 금강산과 비슷하며 풍경이 아름답고 깊은 산이다. 산록에는 조선 유수의 고찰 보현사(普賢寺)가 있다. 만포선 묘향산역에서 하차해서 청천강 지류를 따라 약 4킬로미터를 가는 차편이 있다.

사진_ 上 동룡굴 / 下 묘향산 원만봉

역자 해설 - 묘향산

예로부터 우리나라의 4대 명산(금강산, 지리산, 구월산, 묘향산)의 하나로 꼽혔다. 산에 나무의 그윽한 향기가 많다고 해서 묘향산으로 불린다. 태백산이라고도 불리며 단군신화의 무대이기도 하다. 『삼국유사』에 의하면 천제 환인의 아들인 환웅이 인간 세상을 다스리기 위해 3000명의 무리를 이끌고 태백산(묘향산) 정상으로 내려왔다고 한다. 또한 서산대사와 사명당의 전설로도 유명한데, 실제로 서산대사는 임진왜란 당시 묘향산에서 승병을 일으켰다. 오늘날에도 희귀 동물이 많이 살고 있는데, 청조(靑鳥), 크낙새, 꾀꼬리, 날다라미(하늘다람쥐), 산양, 노루, 담비는 물론 심지어 호랑이, 곰의 흔적도 나타난다고 한다. 산세가 웅장하며 가장 높은 비로봉은 1909미터의 높이를 자랑한다. 원문 사진에 나오는 원만봉(圓滿峯)은 해발 1795미터로 묘향산 주요 봉우리의 하나이다.

---

49 평안남도 순천시와 자강도 만포시를 연결하는 철도선이다.

鴨緑江

新義州

朝鮮に於ける西北端の國境都市新義州は人口約五萬、平安北道廳の所在地として、鴨綠江を隔てゝ滿洲國の安東縣と相對し、國防上の重要地點をなし、尚上流より流下し來る筏の陸揚地ともなり木材の取引、製材工業等の商工業も頗る盛んである。
俗謠に膾炙された東洋一を誇る大鐵橋が當地から安東の對岸に架せられてゐるが十字に開く一桁も今は固く閉ざされて國境視察者に一抹の淋しさを感ぜしめてゐる。

義州統軍亭

鴨緑江上流の筏

신의주

조선 서북단의 국경도시로 인구는 약 5만 명이고, 평안북도의 도청 소재지이다. 압록강을 사이로 만주국의 안동현(安東縣)과 마주하고 있어서 국방상으로도 중요한 곳이다. 또한 상류에서 하류로 내려오는 뗏목이 모이는 곳으로 목재의 거래, 제재공업 등의 상공업도 아주 활발하다.

노래에서 회자되는 동양 제일의 대철교(大鐵橋)가 신의주에서 안동 사이에 놓여 있지만, 십자로 열리던 철교는 지금은 모두 굳게 닫혀있다. 보는 사람으로 하여금 일말의 쓸쓸함을 느끼게 한다.

사진_ 上 압록강 / 中 웅대한 조망 의주 통군정(統軍亭)[50] / 下 압록강 상류의 뗏목

---

[50] 의주에 있으며, 고려 초에 세워지고 조선 시대에 중수된 누정(樓亭)이다. 오늘날 북한의 국보급 문화유적이다.

きぬた（砧）

朝鮮の天地に響く砧の音は春夏秋冬絕間なく何處からともなく聞へる。晝の間洗濯に身を委ねた婦人は日が暮れると其布帛を木や石の臺に被せて夜の更くるまで打ち續けてゐる。秋、夜更けて遠く近くきこえてくるきぬたの音は何んとなく旅人の哀感をそゝるのである。

たぬき

農家

다듬이질

다듬이질 소리는 조선 천지 어디서나, 춘하추동을 가리지 않고 쉴 새 없이 들려온다. 낮에 세탁을 하던 부인들은 날이 저물면, 베와 비단을 나무 또는 돌에 올려놓고 밤이 깊어질 때까지 두드린다. 가을의 깊은 밤, 멀리 혹은 가까이서 들려오는 다듬이질 소리는 왠지 여행자의 슬픔을 자아내는 것 같다.

사진_ 上 다듬이질 / 下 농가

……高原の放牧

洗浦高原

半島を縦断する鐵路は洗浦高原に於て最高となり東海岸の方に急傾斜を以て下つてゐる。洗浦驛附近一帶は廣漠たる高原地帶で雑草生ひ茂り放牧に適し、春夏の候野花一面に咲き亂れて絢爛目も奪ふばかりの美しいお花畑を現出する。

附近に蘭谷農場、李王職牧場がある。

三防峽やまめ釣

세포고원

반도를 종단하는 철로는 세포고원(洗浦高原)에 이르러 가장 높은 곳까지 올라가고, 동해안 방향으로 급경사하는 길을 따라 내려간다.

세포고원 부근 일대는 넓고 막막한 고원지대로, 잡풀이 무성해서 방목에 적합하며 봄과 여름철에는 들꽃이 피어나 눈을 현란하게 할 정도로 아름다운 꽃밭이 연출된다.

부근에 난곡농장(蘭谷農場), 이왕(李王)[51]이 관리하는 목장이 있다.

사진_ 上 고원의 방목 / 下 삼방(三防)의 송어 낚시

---

[51] 일본은 대한제국을 합병하는 과정에서 조선 황실을 왕가로 낮추고 일본 황실에 합병했다. 여기서 이왕은 고종의 일곱번째 아들 영친왕을 가리킨다.

四季の行樂地 三防

洗浦高原から線路は東海岸に向つて急勾配で下つてゐる。其途中窓外の景色明暗斷續、幾多の隧道と橋梁とによつて貫ぬかれた溪谷は三防幽峽と稱し、車窓に映つる秀麗なる絶景は思ひ設けぬ旅客の喜びである。此附近は四季を通じての行樂地で、春は鈴蘭の花と漢狩、夏は避暑と山女魚釣、秋は紅葉、冬はスキー塲と化する。

三防附近のピクニツク

……三防スキー塲……

사계절 행락지 삼방

세포고원에서 노선은 동해안을 향해 크게 기울어진다. 그리고 도중의 창밖 풍경은 터널과 교량을 지나면서 명암이 교차된다. 여러 개의 터널과 교량으로 연결된 계곡은 '삼방의 유령 협곡'으로 불리기도 한다. 또한 창밖으로 펼쳐지는 수려한 절경은 생각지 못한 기쁨이 되기도 한다. 이 부근은 사계절 내내 행락지가 되는데, 봄에는 은방울꽃과 고사리 따기, 여름에는 피서와 송어 낚시, 가을에는 단풍놀이, 겨울에는 스키를 즐길 수 있다.

사진_ 上 삼방 부근에서의 피크닉 / 下 삼방 스키장

名刹 釋王寺

李朝太祖の施主によつて僧無學禪師の創建したもので歷代の信仰篤く、李王家の菩提寺となつてゐる。伽藍殿堂等三十棟に餘り鮮內稀に見るの宏壯華麗なる寺刹である。

松濤園キャンプ
(永興灣要塞司令部檢閱濟)

松濤園海水浴場
(永興灣要塞司令部檢閱濟)

元山

元山府は人口約六萬、朝鮮東海岸の要港で灣內波靜かに水飽くまで淸く、前面には大小幾多の島嶼點在し風光明媚な港である。市街から北に伸びた海岸は白砂靑松の長汀をなし、松濤園と稱して朝鮮濱寺の稍ある程設備完整した海水浴場である。貸別莊、ホテル等櫛比し夏季は避暑客を以て賑つてゐる。

명찰 석왕사

석왕사(釋王寺)는 이조 태조의 시주로 무학선사가 창건했다. 역대에 걸쳐 두터운 신앙을 자랑하며 이왕가(李王家)의 각별한 보호를 받고 있다. 가람전당(伽藍殿堂) 등 30동이 넘는 건물의, 조선에서는 보기 드문 굉장히 화려한 사찰이다.[52]

원산

원산부(元山府)는 인구가 약 6만 명이며 조선 동해안의 중요한 항구이다. 만(灣) 안쪽은 잔잔하고 물이 파란색이며, 전면에 크고 작은 섬이 있어 풍광이 맑고 아름다운 항구이다. 시가지에서 북으로 뻗은 해안은 흰 모래밭에 푸른 소나무가 어우러진 풍경이 길게 이어져 송도원(松濤園)으로 불린다. 송도원해수욕장은 조선의 하마테라(濱寺)[53]라고 불릴 정도로 설비가 완비된 해수욕장이다. 임대식 별장, 호텔 등이 즐비하고 여름에는 피서객들로 북적거린다.

사진_ 中 송도원 캠프(영흥만 요새 사령부 검열 통과) / 下 송도원해수욕장(영흥만 요새 사령부 검열 통과)

역자 해설 - 원산

강원도 북부에 위치한 항구도시이다. 원래는 함경남도에 속했기 때문에 일제강점기에는 함경남도의 일부로 분류되었다. 그러나 1946년 강원도로 편입되어 오늘에 이르고 있다. 개항 전 원산은 비교적 한적한 곳이었다. 하지만 일본의 압력에 의해 1880년 개항한 뒤 항구도시, 휴양도시로 발전했다. 그중 휴양도시로서 원산을 대표하는 곳이 송도원해수욕장이다. 송도원해수욕장은 아름다운 백사장이 주위의 경관과 어우러져 멋진 풍광을 자랑하고 주위가 섬들에 둘러싸여 있기에 늘 잔잔하다. 또한 물이 맑고 깨끗하여 일제강점기에 최고의 해수욕장이었다. 더구나 1923년에는 원산 해수욕장주식회사가 세워져 송도원 일대에 호텔, 별장, 골프장, 테니스 코트 등 다양한 위락시설이 들어서면서 국제적인 휴양지가 되었다. 전국 유일의 복합 레저 공간이었던 셈이다. 분단이 된 오늘날에도 송도원해수욕장은 북한의 대표적인 관광지로 많은 인파가 몰린다.

---

52 하지만 석왕사 건물의 대부분은 한국전쟁 때에 소실되었다.
53 오사카의 하마테라 공원을 말한다. 당시 하마테라 공원은 여름에는 해수욕장으로 번창했고 많은 위락시설이 있었으며 소나무도 많았다. 현재는 해수욕장이 사라졌다.

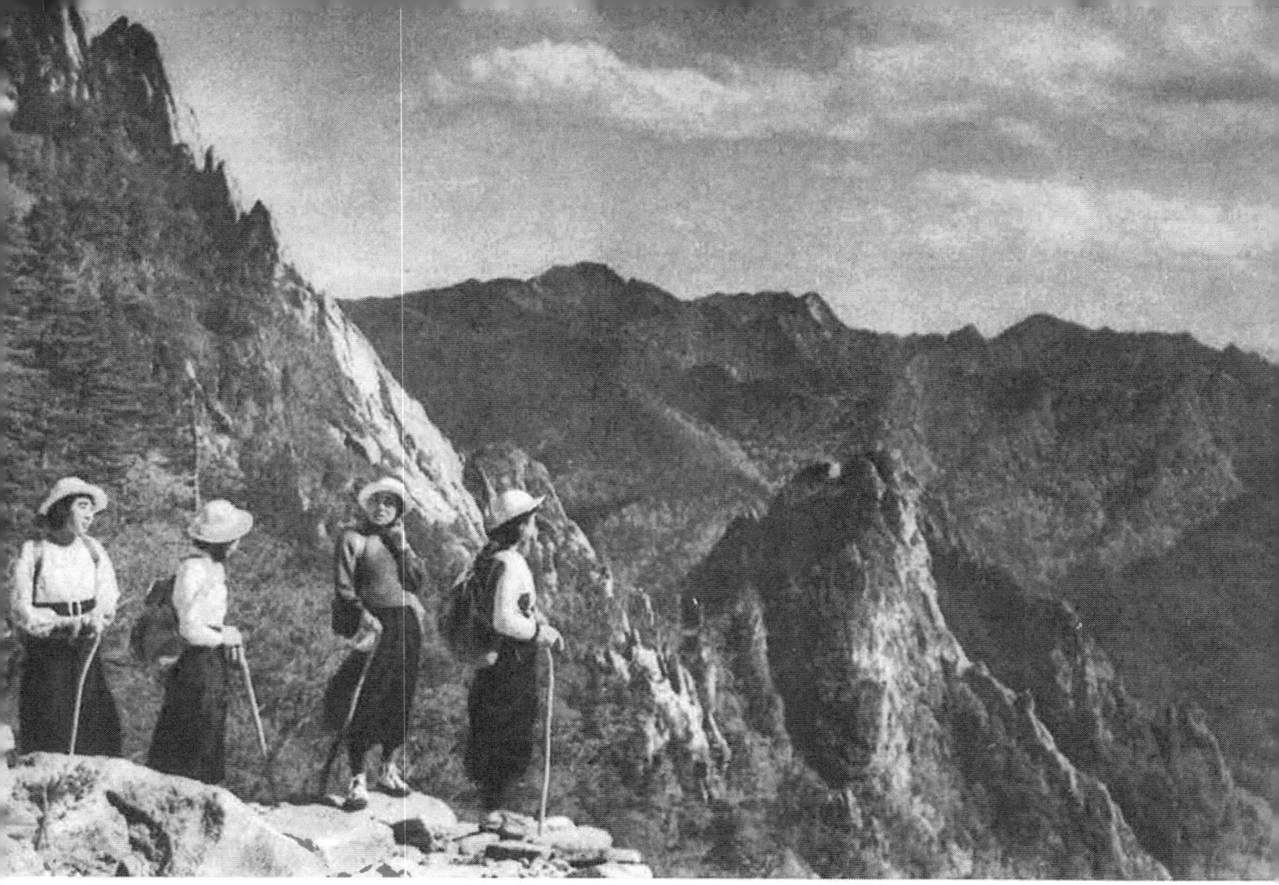

内金剛鳥瞰

日出・月出峰

朝鮮の持つ世界的の寶資と謂はれる金剛山は、東洋郡山水美の極致であつてこそより傳へられる様々の傳說や山內に點在する數多の古刹は一層その色彩を鮮やかにし其景觀の構想雄大なると、自然の偉大なる力に戰くの外はないの岩石美と云ひ、溪流美と云ひ、策古にも增し得ない絕景をなしてゐる、昔金剛山は探勝上の關係から、內外兩金剛に分ち、各特徵ある風光美をたしてゐる外金剛は萬物相の奇勝あるを以て山岳美に秀で、內金剛は萬瀑洞溪谷の粹あるを以て溪流美に秀れてゐると云はれてゐる。前金剛山の探勝は四季を通じ過してゐるが特に五、六月の新綠、九、十月の紅葉の候が最もよい。

세계적인 명산 조선 금강산

조선이 가진 세계적인 지보(至寶) 금강산(金剛山)은 동양적 산수미의 극치이며, 그 암석미(岩石美), 계류미(溪流美)⁵⁴ 등은 필설로 다할 수 없을 정도의 절경을 이루고 있다. 더구나 옛날부터 전해 내려오는 갖가지 전설과 산재해 있는 다수의 고찰은 금강산의 색채를 한층 선명하게 해주고 경관을 더욱 웅대하게 해준다. '표현의 묘'라는 것도 자연의 위대한 힘 앞에 그저 놀라는 것 외에는 없다. 금강산은 내금강과 외금강으로 나누어 탐승하곤 한다. 두 개의 금강은 각각의 특징을 가진 풍광을 자랑하고 있다. 외금강은 만물상(萬物相)⁵⁵이라는 기승(奇勝)⁵⁶이 있어 산악미(山岳美)가 뛰어나고 내금강은 만폭동(萬瀑洞) 계곡이라는 곳이 있어 계류미가 뛰어나다고 한다.

또한 금강산 탐승은 사계절을 통틀어서 5월, 6월의 신록과 9월, 10월의 단풍의 때가 가장 좋다.

사진_ 上 내금강을 내려다 봄 / 下 일출봉 · 월출봉

---

54 계곡을 흐르는 냇물의 아름다움
55 외금강에 있으며 기암괴석으로 이루어진 바위산이다.
56 기묘하고 아름다운 경치.

萬瀑洞の溪谷

内金剛

溯江を北走する京元線鐵原を廣場とし分水嶺の西側一帯を俗に内金剛と云ふ。京元線鐵原から分岐する金剛山電鐵線によれば約四時間の終點の内金剛驛附近がその登山據點で長安寺村と稱せられてゐる。長安寺村は亭々たる松、櫻の繁茂するに休しあたれは深閑の靈域で輕井澤の地と似て避暑地としても知られてゐる。内金剛の特徴は溪谷美と古刹にあつて傳説の多き明鏡臺、白馬峯、堅軍峯、萬瀑八潭の諸勝、長安寺、表訓寺、正陽寺、摩訶衍等の古刹はその代表的のものでふる。

鐵道局直營内金剛山莊

내금강

　봉우리의 맹주 격인 비로봉(毘盧峰)을 경계로 분수령의 서쪽 일대를 속칭 '내금강'이라고 한다. 경원선의 철원에서 갈라지는 금강산 전철선에서 약 4시간 소요의 종점에 위치한 내금강역 부근이 등산의 출발지가 되는데, 이곳을 장안사 촌(長安寺村)이라고 한다.

　장안산 촌은 소나무, 전나무 등의 삼림으로 뒤덮인 한적하고도 신비로운 곳이다. 여름에는 시원해서 내지의 가루이자와(輕井澤)[57]와 같은 피서지로도 알려져 있다.

　내금강의 특징은 계곡미와 고찰을 배경으로 한 전설이 많다는 것이다. 그 대표적인 예가 명경대(明鏡臺), 백마봉(白馬峰), 망군대(望軍臺), 만폭팔담(萬瀑八潭)[58] 등의 장소와 장안사, 표훈사(表訓寺), 정양사(正陽寺), 마하연(摩訶衍) 등의 고찰이다.

사진_ 上 만폭동 계곡 / 下 철도국 직영 내금강 산장

---

57 일본의 나가노 현(長野縣)에 있으며 휴양지로 유명하다.
58 만폭동 안의 8개의 유명한 못.

最高峯 毘盧峯

金剛山中の最高峯で内外金剛を分つ分水嶺に當つてゐる。標高一、六三八米、山としては高くはないが萬二千の秀峰すべて脚下に朝し、遙か彼方に水天髣髴たる日本海の紺碧を望む、頗る雄大なる眺望を有してゐる。今日では登山探勝路も完備し山頂に近く山小屋式の久米山莊もあるので婦女子にても容易に探勝が出來る。

山頂・久米山莊

外金剛集仙峰

최고봉 비로봉

금강산의 최고봉으로 내금강과 외금강을 나누는 분수령에 해당한다. 표고 1638미터로 산으로서는 그렇게 높지 않지만 1만 2000봉의 빼어난 봉우리를 모두 내려다볼 수 있다. 그리고 멀리 저편에 있는, 수면과 하늘이 맞닿은 것 같은 검푸른 빛깔의 일본해를 바라볼 수 있다. 참으로 웅대한 조망이다. 오늘날에는 등산로가 완비되고, 산 정상의 가까이에 작은 오두막 형태의 구미 산장도 있어서 부녀자도 쉽게 방문할 수 있다.

사진_ 上 산의 정상 · 구미 산장 / 下 외금강 집선봉(集仙峰)

사진_ 금강산 제일의 폭포 구룡연

역자 해설 – 구룡폭포

장엄하게 흐르는 물줄기가 구룡폭포(九龍瀑布), 그 밑의 못이 구룡연(九龍淵)이다. 전설에 의하면 구룡연에 아홉 마리의 용이 살았고, 용들은 폭포를 타고 하늘로 올라갔다고 한다. 구룡폭포는 설악산의 대승폭포, 개성 대흥산의 박연폭포와 함께 우리나라의 3대 폭포를 이루며 금강산의 4대 폭포 중 하나이기도 하다. 높이 74미터, 폭 4미터로 장엄하면서도 아름다운 모습을 자랑한다. 구룡폭포의 물줄기는 깊이 13미터의 구룡연으로 떨어지며 그곳의 물은 옥류동을 거쳐 실개천과 합류해 동해로 흐른다. 외금강 지역에서도 절경으로 꼽히는 곳이다.

外金剛

玉流洞溪谷

神溪寺

사진_ 上 외금강 옥류동 계곡/ 下 외금강 신계사

역자 해설 - 신계사

신계사(神溪寺)는 유점사, 장안사, 표훈사와 더불어 금강산 4대 사찰 중 하나이다. 신라의 보운(普雲)이 519년(법흥왕 6)에 창건했다고 전해진다. 원래 11개의 전각을 거느린 웅장한 규모를 자랑했다고 한다. 주위가 울창한 소나무로 둘러싸여 있고, 문수봉·관음봉·세존봉·집선봉 등 외금강의 절경을 끼고 있다.

창건 이후 소실과 중건이 반복되었는데, 가장 최근의 소실은 한국전쟁으로 인한 1951년의 소실이었다. 이때 건물이 모두 불에 타고, 삼층석탑과 주춧돌만 남게 되었다. 그러다가 남북 공동 사업의 형태로 남한 측의 대한불교조계종과 현대아산, 북한 측의 조선불교도연맹이 협력해서 복원에 착수했다. 공사는 2004년 4월에 시작해서 2007년 10월에 완료됐다. 오늘날에는 소실되기 전의 규모로 복원된 상태이다.

外 金 剛

三 仙 巖

사진_ 上 외금강 / 下 삼선암(三仙巖)

역자 해설 – 금강산의 관광화

금강산의 빼어난 경치는 예로부터 유명해서 조선시대 때 이미 사대부의 여행지가 되었다. 그러나 금강산이 근대적 의미의 관광지가 된 것은 일제강점기 때의 일이다. 국권 침탈 후 일제는 조선의 명승지로서 금강산을 근대적 관광지로의 개발을 추진했다. 물론 그 대상은 주로 식민지 조선을 여행하려는 일본인이었다. 이러한 과정에서 조선총독부 철도국은 철도와 숙소를 정비하고 조선 여행에 대한 안내서를 발행하는 등 주요 관광 정책을 실행했다. 이러한 정책적 노력에 힘입어 금강산을 찾는 사람은 점차 늘어났고 1930년대에 금강산은 비교적 대중적인 관광지가 되었다. 일제는 일본의 자산으로서 '금강산'을 개발·홍보한 셈인데, 원문의 사진도 그러한 맥락에서 제작된 것이라 할 수 있다.[59] 기기묘묘한 금강산의 모습이 잘 나타나는 사진이다.

---

[59] 금강산 관광에 대한 사항은 주로 서기재, 앞의 책; 유승훈, 「근대 자료를 통해 본 금강산 관광과 이미지」, 『실천민속학 연구』제14호, 2009를 참조했다.

外金剛

毘盧峯を境として日本海岸寄りの區域を外金剛と稱してゐる。山岳美の代表と云はるる萬物相、山中第一の巨澤九龍淵、玉流溪谷、神溪寺等の諸勝がある。登山準備地である溫井里は東海北部線外金剛驛から自動車十五分にして達せられ遊覽氣分橫溢する小邑である。此處には溫泉が湧出し旅館には內湯があり設備も整ひ、鐵道局直營の洋式ホテル外金剛山莊もある。

鐵道局直營外金剛山莊

萬物相

외금강

비로봉을 경계로 일본해 해안 방향을 외금강이라고 한다. 산악미를 대표한다고 하는 만물상, 금강산 제일의 폭포 구룡연(九龍淵), 옥류동(玉流洞)[60] 계곡, 신계사(神溪寺) 등이 있다. 등산을 준비하는 곳으로서 온정리(溫井里)는 동해 북부선 외금강역에서 자동차로 15분이면 도착한다. 그래서 유람하는 기분으로 갈수 있는 작은 도회지이다. 온천이 나오는 여관에는 목욕탕과 그 설비도 갖추어져 있다. 철도국 직영의 양식 호텔 외금강 산장도 있다.

사진_ 中 철도국 직영 외금강 산장 / 下 오만물상(奧萬物相)[61]

---

[60] 옥 같이 맑은 물이 구슬처럼 흐른다는 뜻으로 '옥류동'이라고 한다.
[61] 외금강 만물상구역 뒤에 펼쳐진 경치를 말한다. 깊은 산중에 펼쳐진 만물상의 절경이라고 하여 '오만물상'이라고 부른다.

「赴戦湖」赴戦高原

高原の花みゆきさうす

興南朝鮮窒素肥料會社硫安工場

方面に大照明を投じた第一のものは朝窒興南工場である。此の近代化學工場の大機構を動かすものはすべて電力である。そしてその電動力の根元は大自然の豪麗赴戦高原に求められてゐる。かつては鴨綠江に注いだ長津、赴戦の二條の河流は懸命なる人類の科學力に降してこゝに周圍數十粁に亘る二大貯水池を現出せしめた。湖水は連ねられた大鐵管により反對の日本海側に迸り常時四十二萬キロワットの發電能力を發揮する。

수력발전 왕국 함흥

이곳 함흥선(咸興線) 일대는 최근 급속히 발전하며 활기를 띠고 있는데, 그중 가장 조명받는 것이 조선질소비료주식회사 흥남공장[62]이다. 이 근대 화학공장의 거대한 기계는 모두 전력으로 움직인다. 그리고 그 전력의 근원은 대자연의 아름다운 호수를 가진 부전고원(赴戰高原)이다.

원래 부전호와 장진호(長津湖)는 압록강으로 흘러드는 2개의 하류(河流)였지만 인류의 과학적 힘으로 둘레가 수십 킬로미터에 이르는 2개의 저수지가 되었다. 호수는 큰 철관(鐵管)에 의해 건너편 일본해 쪽과 연결되며 상시 42만 킬로와트의 발전 능력을 발휘한다.

사진_ 上 부전고원과 부전호 / 中 고원에 핀 꽃 / 下 조선질소비료주식회사 흥남공장

---

[62] '흥남비료공장'이라고도 한다. 1927년에 일제에 의해 설립되었고 오늘날에는 '흥남비료연합기업소'라는 이름의 북한 최대 비료 생산 공장이 되었다.

鰯 漁

豆滿江口から釜山に至る日本海岸は海岸線の延長約二千粁に及び砂濱巉巖相連つて好箇の沿岸漁場をなしてゐる。水深くして魚族の棲留に適し、リマン海流は北から寒帶性魚族を送り、對馬海流は南から還帶性魚族を齎して魚族の分布を豐富ならしめ、漁利は殆んど無盡藏と稱せられてゐる。初秋より冬季にかけて北鮮地方では鰯、明太魚等の漁獲は夥しき數量に上り恰も戰場の如き活況を呈する。

정어리, 명태 등등

두만강 하구에서 부산에 이르는 해안은 길이가 약 2000킬로미터의 모래사장이 이어지는 천혜의 연안 어장이다. 수심이 깊고 어족이 머무르기에 적합한데, 리만해류(Liman Current)[63]는 북쪽에서 한대성(寒帶性) 어족을 보내고 쓰시마해류는 남쪽에서 온대성 어족을 보내기 때문에 어족 분포를 풍부하게 한다. 그래서 물고기로 인한 이익이 거의 무진장하다고 한다. 초가을에서 겨울까지의 북선 지방은 정어리, 명태 등의 어획량이 크게 늘어나는 등 어업이 활기를 띤다.

사진_ 上 대어(大漁)들 / 下 정어리

---

[63] 시베리아 연해주를 따라 남하하는 해류로 연해주해류라고도 한다. 우리나라의 동해안까지 흘러와서 한류와 난류가 교차하는 풍부한 어장을 만든다.

北鮮の樂土
朱乙溫泉

朱乙驛から西北へ約十一粁乘合自動車の便ある朱乙溫泉は一日の湧出量一萬四千石に達し、湯量の豐富なること鮮內第一で朝鮮別府の稱がある。清洌な朱乙川の流れに臨み、遠く聳ゆる冠帽連山の雄渾壯麗なる山容を取入れた附近の景觀は全鮮に冠たりと云ふも過言ではない。旅館も鄙には稀なる和洋風の設備を有し北鮮隨一の歡樂境となつてゐる。尙此外に朱乙驛に近く砂風呂で有名な「かねた」溫泉場がある

冠帽峯（二五四一米）

冠帽連山は北鮮の東海岸に沿ふて咸鏡北道の背梁山脈をなし、堂々二千四─五百米級の起伏を波立たせてゐる。其の主峰冠帽峯は高度、容姿共に朝鮮隨一の峻嚴さで最近內鮮アルピニストの憧憬の的となつた。入山は咸鏡線朱乙驛から朱乙溫泉を經て這入るコースと南上洞の火田部落を過ぎて這入るコースの二つがあつて何れも往復に一週間程を要す。

북선의 낙토 주을온천

주을온천은 주을역(朱乙驛)에서 서북쪽으로 약 11킬로미터를 이동하는 차편(승합차)으로 갈 수 있다. 하루에 1만 4000석(石)[64]에 달하는 물이 나오기 때문에 조선에서 가장 온천수가 풍부하다고 한다. 그래서 조선의 벳푸(別府)[65]라고도 불린다. 맑고 차가운 주을 천(川)이 흐르는 방향으로 웅장하고 장려한 산과 계곡을 포함한 관모연산(冠帽連山)이 멀리 보인다. 그 경관은 조선에서 으뜸간다고 해도 과언이 아니다. 시골의 여관으로는 드물게 일본식·서양식 설비를 둘 다 갖추고 있어서 북선 제일의 환락지가 되고 있다. 그 외에도 주을역 가까이에 스나부로(砂風呂)[66]로 유명한 '가네타'라는 온천장이 있다.

관모봉

관모연산은 북선의 동해안에 면한 함경북도의 등뼈를 이루는 산맥으로 2400~2500미터급의 봉우리가 당당하게 늘어서 있다. 그 주봉(主峯)인 관모봉은 고도와 지세 둘 다 조선 제일로서, 내선(內鮮)의 등반가들의 동경의 대상이 되고 있다. 입산은 함경선 주을역에서 주을온천을 거쳐서 들어오는 코스와 포상동(浦上洞)의 화전부락(火田部落)을 지나서 들어오는 코스 이렇게 2개가 있다. 어느 쪽이든 왕복에 일주일 정도가 걸린다.

---

64 석(石)은 1섬(10말)으로 약 180리터의 용량.
65 일본 규슈(九州)에 위치한 유명한 온천 도시.
66 온천의 증기 등으로 모래를 데워서 모래찜질하는 것 또는 그 설비.

北鮮の緬羊

北鮮地方には農耕に適しない瘠薄な草地となつてゐる平野高原が多いが、氣候風土共牧羊經營に適してゐるので國策の一として品種の改良に努め其の飼養を奬勵してゐる。

북선의 면양

북선 지방은 농경이 적합하지 않은 척박한 초지(草地)로 고원의 평야 지대가 많다. 기후와 풍토가 목양 경영에 적합하기 때문에 국책으로서 양의 사육을 장려하며 품종 개량에도 힘쓰고 있다.

> **역자 해설 - 남면북양 정책**
>
> 사진 속의 면양은 원문 18쪽(이 책의 59쪽)에서 언급된 남면북양(南綿北羊) 정책을 잘 보여준다. 1930년대 일제는 한반도 남쪽에서는 면화의 재배를, 북쪽에서는 면양의 사육을 강요했다. 일본의 산업에 필요한 물자를 한반도에서 값싸게 조달받기 위함이었다. 식민지 조선의 경제와 삶을 일본에 맞추도록 강요한 것으로서 전형적인 착취라 할 수 있다.

白頭山

鮮滿の屋根とも云ふべき蓋馬高臺の最頂點に盛上る白頭山(二七四四米)は鴨綠江と豆滿江の源流をなし、山頂には底知れぬ火山湖「天池」を戴いて碧水をたゝえ千古の靜けさを祕めてゐる。山麓は廣漠たる原始林帶を以て蔽はれ山頂のみその名の如き白き淸楚な姿を現はしてゐる。

白頭山頂天池

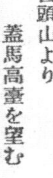

白頭山より蓋馬高臺を望む

白頭山麓の大森林

백두산

조선과 만주의 지붕이라고 불리는 개마고원의 최정상에 우뚝 솟아있는 백두산(2744미터)은 압록강과 두만강의 원류이다. 산 정상에는 깊이를 가늠할 수 없는 호수인 '천지(天池)'가 있는데, 맑고 깊은 물과 천고(千古)의 고요함을 간직하고 있다. 산기슭은 끝없는 원시림 지대로 덮혀 있고 산 정상만 그 이름처럼 하얗고 청초한 모습을 보이고 있다.[67]

사진_ 上 백두산 정상 천지 / 中 백두산에서 개마고원을 바라보다 / 下 백두산의 대삼림

---

[67] 한자로 백두산(白頭山)은 '머리가 하얀 산'이라는 뜻이 된다.

昭和十三年四月二十日印刷
昭和十三年四月二十五日發行　（非賣品）

朝鮮總督府鐵道局

印刷者　大阪市浪速區貝柄町二〇番地
　　　　藤　田　寬　三

印刷所　大阪市浪速區貝柄町二〇番地
　　　　日本版畫印刷合資會社

쇼와 13년 4월 20일 인쇄
쇼와 13년 4월 25일 발행
(비매품)
조선총독부 철도국

인쇄자 - 오사카 시(市) 나니와 구(浪速區) 가이가라 초(貝柄町) 20번지
      후지타 히로미쓰(藤田寬三)

인쇄소 - 오사카 시 나니와 구 가이가라 초 20번지 일본판화인쇄합자회사

역자 후기

 일제강점기 식민지 조선은 정치, 경제적으로 많은 수탈을 당해야 했다. 하지만 식민지 제국 일본은 이를 침략과 수탈이 아닌, 일본 영토의 일부로서 당연히 시행하는 정책으로 간주했다. 즉 조선은 일본의 영토이기 때문에 그 자산은 모두 일본의 것이고, 따라서 자신들의 정책을 조선에서 시행하는 것이 당연하다고 생각한 것이다.

 이러한 상황에서 조선 영토는 일본 영토의 일부이며 조선의 풍경은 곧 일본 풍경의 연장이었다. 따라서 근대적인 의미의 관광이 발달함에 따라서 일본인의 조선 여행도 늘어갔다. 특히 경부선, 경의선 등 1900년대 이후 확충된 철도망은 조선 여행의 활성화에 결정적으로 기여했다. 그 결과 조선 여행은 더 이상 19세기 식의 모험을 수반하지 않는 '관광'으로 자리 잡게 되었고, 일본 당국도 일본인의 조선 여행을 장려했다. 다이쇼(1912~1926)기 이후, 조선 여행 안내서가 다수 출간되었던 것도 이러한 배경에서이다.[1] 이제 일본인들은 조선을 여행지로서 소비하기 시작한 것이다.

 그들은 일본의 영토가 된 조선에서 무엇을 보았을까? 그것은 대략 3가지로 생각할 수 있다.

 첫째, 전근대적인 풍경의 조선이다. 본문의 사진에서 나타나듯이 당시의 한국은 본격적인 산업화 이전이었고, 그래서 일본인들은 전근대적인 조선의 풍경을 보면서 낙후된 이미지로서 조선을 기억하게 되었다. 이러한 이미지는 일본의 지식인들을 통해서도 널리 퍼졌다. 가령 경성제국대학 교수였던

---

[1] 서기재, 앞의 책, 117쪽.

아베 요시시게(安倍能成)는 근대적 개발이 덜 된 경성의 풍경을 자연적인 아름다움으로 묘사했고, 나카자와 히로미쓰는(中澤弘光)는 지게를 진 조선인 하급 노동자를 불결한 모습으로 묘사하기도 했다.[2] 어쨌든 조선은 '문명화'가 제대로 이루어지지 않은 곳이었던 셈이다.

둘째, 일본이 건설한 근대 시설물이다. 조선은 낙후되었지만 이는 일본에 의해 개선되고 있다고 간주되었는데, 그 '증거물'이 된 것이 바로 일본이 건설한 근대 시설물이었다. 본문에 나오는 경성 시가, 경성역(서울역) 건물, 조선호텔, 그 외에 철도와 각종 공장이 그 대표적인 예이다. 이러한 시설물은 '낙후된 조선'을 발전시켜주는 일본의 '업적'으로 간주되었다.

셋째, 일본의 자산으로서의 조선 풍경이다. 본문에도 나왔듯이 조선의 금강산은 일본 측에 의해 조선의 '지보'로,[3] 기생은 평양의 중요한 관광 자원으로 묘사되었다. 이제 일본인 여행객들은 여행안내서를 따라 일본의 자산이 된 '조선의 명승지'를 구경하게 될 것이다. 또한 '조선의 명승지'는 일본인의 시각에서 일본인을 위해서 새롭게 개발되기도 했다.[4] 그렇게 조선의 산하(山河)는 일본의 자산으로 인식되었다.

자, 그렇다면 그와 같은 여행은 당시의 일본인에게 있어 어떠한 의미를 가졌을까?

첫째, 오락적인 즐거움이다. 근대의 여행은 과거의 여행과는 달리 모험을 수반하지 않았다. 철도와 기선을 주축으로 한 교통 체계, 깨끗한 숙소, 치안 확보, 관광 자원의 개발로 인해 여행은 순례자의 고행이 아니라 오락으로 바뀌었던 것이다. 그리고 여행안내서는 이러한 즐거움을 한눈에 파악할 수 있게 했다. 가령 1934년에 조선총독부 철도국에서 출판한 『조선여행안내기』는 총 545쪽에 달했는데, 앞부분의 개설편에서는 조선에 대한 일반적인 사항과 더불어 관광지, 여행 일정, 여행 시 주의사항 등을, 뒷부분의 안내편에서는 철도의 노선과 역, 역 주변의 관광지, 숙박시설, 교통 등을 자세하게 기술하고 있다.[5] 이것을 보고 우리는 이미 1930년대에 오늘날과 같은 의미의 관광, 즉 편리하고 즐거운 형태의 여행이 행해졌음을 알 수 있다.

---

[2] 위의 책, 269~273쪽, 280~282쪽.
[3] 초창기에 금강산을 세계적인 산으로 소개한 사람은 영국의 여행가 이사벨라 비숍과 독일 영사 크류겔 박사라고 한다. 위의 책, 238쪽
[4] 정치영, 「『조선여행안내기』를 통해 본 1930년대 한국의 관광자원」, 『문화역사지리』 제27권 제1호, 한국문화역사지리학회, 2015.
[5] 위의 논문, 70~71쪽.

둘째는 일본의 재발견이다. 조선을 여행하는 일본인들은 조선 땅에서 새롭게 일본을 발견할 수 있었다. 그들은 조선의 전근대적인 풍경을 보고 우월감을 느꼈고, 조선 곳곳의 일본의 흔적을 보며 '제국 일본'에 대한 자부심을 키우기도 했다. 특히 임진왜란, 청일전쟁, 러일전쟁의 전적지는 조선에서 '제국 일본'의 발자취를 마주하는 기회였다는 점에서 중요하다.[6] 요컨대 그들은 조선 여행을 통해서 일본인으로서의 정체성을 재확인했고, 나아가 '제국 일본'의 위상을 조선에서 목격했던 것이다.

메이지유신 이후 일본은 끊임없이 영토를 확장해 나갔는데, 이 책이 출판되었던 1930년대에 이미 일본은 '만주국'이라는 괴뢰 국가를 내세워 만주 전역을 지배하는 한편, 중국과 전쟁을 벌이고 있었다(중일전쟁). 영토의 확대는 일본인의 여행 영역이 더욱 넓어진다는 것을 의미했다. 이미 그 전부터 조선과 만주는 철도로 긴밀하게 연결되어 있었고, 만주국 건설 후 일본은 만주의 자원 개발, 도시 건설에 적극적으로 나서고 있었다. 따라서 만주를 방문했던 일본인은 고급 열차를 통해 안락하게 여행할 수 있었고, 일본에 의해 건설되는 만주국의 수도 신경의 '발전'을 목격할 수도 있었다. '조선의 풍경'이 '만주의 풍경'으로 확대된 셈이다. 그렇다면 일본의 지배는 조선과 만주에 발전을 가져왔는가? 결론은 '아니오'이다. 일본이 이룩한 그 모든 성과는 오직 일본인만을 위한 것이었기 때문이다.

본서는 이와 같은 시대를 배경으로 출판된 책이다. 본서의 원제는 『반도의 근영』인데, 이는 한반도의 최근 모습이란 뜻이다. 조선 여행을 홍보하기 위해 만든 사진집으로서 고즈넉한 풍경, 번화한 거리, 아름다운 자연, 산업의 발전상 등을 생생하게 담아내고 있다. 하지만 식민지 조선은 일본의 이익을 위해 개발된 영토였고, 『반도의 근영』도 그러한 일본의 시각을 충실하게 반영하고 있다. 그래서 우리는 본서를 통해 '일본의 시선으로 본 1930년대 한국의 모습'을 확인할 수 있다. 비록 왜곡된 시선이라 할지라도 말이다.

21세기가 된 오늘날 일본은 K-POP, 드라마 등 한류의 영향으로 '환상'을 담은 시선으로 한국을 바라보고 있다.[7] 본서에 나타난 '일본의 시선'은 이제 과거가 되어 한국근대사·일본근대사의 한 페이지가 된 셈이다. 오늘날 우리가 '일본의 시선으로 본 1930년대 한국의 모습'을 보는 것에는 바로 이러한 과거를 기억하고 배운다는 의미가 있다.

---

[6] 서기재, 앞의 책, 208~214쪽.
[7] 서기재, 위의 책, 369~406쪽 참조.

본서를 처음 접했던 것은 일본에서 박사과정 졸업을 앞둔 시기였다. 원래는 다른 책을 찾으러 재학 중이던 히토쓰바시대학의 부속 도서관에 갔었는데 우연히 이 책을 보게 된 것이다. 책을 펼쳐보니 사진집인데, 1930년대 한국의 모습이 생생하게 펼쳐져 있었고 사진을 설명하는 글도 있었다. 사실 여기서 중요한 것이 사진 설명인데, 사진은 인터넷에서 열심히 검색하면 비슷한 사진을 찾을 가능성이 있지만 설명은 그렇지 않다. 사진 설명이야말로 당시 일본인의 관점을 제대로 나타내주는 것이었다. 그래서 일제강점기 한국을 잘 보여주는 자료라고 생각했는데, 마침 한국에서는 영인본이 소개되었을 뿐 번역본이 없었다. 그런 이유로 본서의 번역을 결심하게 되었다. 본서가 한국과 일본의 근대사를 이해하는데 보탬이 되었으면 좋겠다.

이 책의 번역에 도움을 주신 분들에게 감사의 말씀을 전하고 싶다. 먼저 선뜻 출판을 허락해주신 어문학사 윤석전 대표님께 감사드린다. 또한 연구를 응원해주시는 부모님께도 감사드린다. 마지막으로 본서의 번역을 권유하고, 바쁘신 중에도 공역자로 참여해주신 김영준 선생님에게도 감사드린다.

2018년 1월
윤현명

조선의 풍경 1938
일본의 시선으로 본 한국

초판 1쇄 발행일 2018년 1월 29일

지은이 조선총독부 철도국
엮고 옮긴이 윤현명 · 김영준
펴낸이 박영희
편집 김영림
디자인 조은숙
마케팅 김유미
인쇄 · 제본 주순 디앤피
펴낸곳 도서출판 어문학사
　　　서울특별시 도봉구 해등로 357 나너울카운티 1층
　　　대표전화: 02-998-0094 / 편집부1: 02-998-2267, 편집부2: 02-998-2269
　　　홈페이지: www.amhbook.com
　　　트위터: @with_amhbook
　　　페이스북: https://www.facebook.com/amhbook
　　　블로그: 네이버 http://blog.naver.com/amhbook
　　　　　　다음 http://blog.daum.net/amhbook
　　　e—mail: am@amhbook.com
　　　등록: 2004년 7월 26일 제2009—2호

ISBN 978-89-6184-463-5　03910
정가 18,000원

이 도서의 국립중앙도서관 출판예정도서목록(CIP)은 e-CIP홈페이지(http://www.nl.go.kr/ecip)와 국가자료공동목록시스템(http://www.nl.go.kr/kolisnet)에서 이용하실 수 있습니다.
(CIP제어번호: CIP 2018001249)

※ 잘못 만들어진 책은 교환해 드립니다.